AF370447

Luciano Francisco de Comella

La esclava
del negro Ponto

Barcelona **2024**
Linkgua-ediciones.com

Créditos

Título original: La esclava del Negro Ponto.

© 2024, Red ediciones S.L.

e-mail: info@linkgua.com

Diseño de cubierta: Michel Mallard.

ISBN tapa dura: 978-84-1126-235-4.
ISBN rústica: 978-84-9816-644-6.
ISBN ebook: 978-84-9897-977-0.

Sumario

Brevísima presentación

La vida

Luciano Francisco Comella (Vic, 1751-Madrid, 1812). España

Huérfano, quedó a cargo del marqués de Mortara, un compañero de armas de su padre. De su primer matrimonio nacieron cuatro hijos, entre ellos Joaquina, quien escribió algunos dramas con él. Sus primeras obras son de fines de 1777.

A partir de 1789 colaboró en el Memorial Literario dirigido por Joaquín Ezquerra y al año siguiente editó el Diario de las Musas, donde colaboraron escritores e intelectuales muy conocidos en la época.

A Comella se le vinculaba sobre todo con el teatro musical, en sus diferentes géneros: zarzuelas (La Dorinda), melodramas (La Andrómaca) y óperas (Los esclavos felices). Le dieron asimismo mucho éxito sus comedias heroico-militares y las sentimentales, reflejo del espíritu moderno de la clase media.

Su mayor enemigo fue Leandro Fernández de Moratín, cuya célebre obra La comedia nueva o El café ironiza sobre los autores a los que Moratín consideraba malos dramaturgos y en particular contra Luciano Comella. Sin embargo, la aceptación popular del teatro de Comella no se vio mermada y en 1806 fue nombrado director de la Compañía Española del Teatro de Barcelona.

El ambiente

La esclava del negro Ponto está ambientada en una isla del Negro Ponto, antiguo emporio cristiano ocupado por una Constantinopla islamizada en la que cristianos y musulmanes viven en conflicto.

Personajes

Solimán, católico encubierto, general de las tropas de Mahomet
Mahomet, emperador de Constantinopla
Salem, general subalterno de Solimán, su rival
Hebraín, gobernador de los jardines de Mahomet, capitán de sus tropas y
confidente de Solimán
Pelealogo, príncipe y gobernador del Negro Ponto
Fabiano, su hijo mayor
Alexandro, su hijo menor
Arnesto, Senador más antiguo. Dos senadores
Colberto, capitán del Senado
Eurinome, Princesa joven cristiana, hija de Pelealogo
La Sultana, esposa de Mahomet
Zaira, hermana de Mahomet
Celia y Nise, confidentas de Eurinome
Sisema y Meledora, confidentas de la Sultana
Acompañamiento de damas cristianas
Acompañamiento de damas de la Sultana
Soldados cristianos
Soldados turcos

Acto primero

La acción se representa en el palacio del príncipe Pelealogo; isla del Negro
Ponto, que fue de la República de Venecia, y hoy día del Turco.

El teatro será un salón; enfrente dosel y debajo tres sillas: en una de las de
los lados Fabiano: por uno y otro lado del teatro sillas, y en ellas Arnesto y
los dos senadores con togados, Soldados, granaderos con sable en mano
a las esquinas del tablado.

Arnesto	Cuando la ciudad peligra,	
	antes que verla deshecha	
	en cenizas, entregarnos	
	es cobardía, es prudencia.	
Fabiano	Yo en el nombre de mi padre	5
	y señor, digo que es necia	
	cobardía; y que el Senado	
	no debe hacer a Venecia	
	(su Soberano) un ultraje	
	indigno de su nobleza.	10
Arnesto	Fabiano, al fin como joven	
	discurres sin experiencia:	
	ve de parte del Senado,	
	y di a tu padre que venga	
	a presidirnos.	

(Sale Alexandro.)

Alexandro	Albricias,	15
	Senado ilustre, que llega	
	(victorioso de una acción)	
	mi padre a vuestra presencia.	

Todos   ¿Qué dices?

Alexandro   Que ya le aclaman,
                    diciendo en dulces cadencias...   20

   (Sale Pelealogo espada en mano y Soldados: el Senado llega a recibirle
con demostraciones de sumisión y gozo.)

Música   El Príncipe generoso
                    que con valor y prudencia
                    defiende su patria, viva
                    siglos y edades eternas.

Voces   El príncipe Pelealogo   25
                    viva.

Arnesto   ¿Qué victoria es esta,
                    gran señor, no esperada?

Los dos hijos   Dénos los pies vuestra Alteza.

Dos senadores   Y a todos.

Pelealogo   Tomad los brazos:
                    y porque el caso os refiera,   30
                    las sillas del magistrado.

Todos   Hágase como lo ordenas

   (Todos se sientan, Pelealogo y sus dos hijos debajo del dosel.)

Pelealogo   Amparado de la noche
                    salí por oculta senda

al campo del enemigo,   35
sorprendí sus centinelas,
en cuya seguridad
todos al sueño se entregan.
Acometí con mi gente,
que armada de furor, llena   40
de coraje, en cada alfanje
un rayo vibra su diestra
de Marte; crece el asombro,
y entre lamentos y quejas,
los que huir quieren del riesgo   45
entre mis riesgos tropiezan.
Esforzado Solimán
su tropa anima a que vuelvan
por sa fama, y reunido
con el resto de sus fuerzas   50
los genízaros, osado
en la venganza se empeña.
Yo al ver que eran desiguales
las mías, con diligencia
me retiré a la ciudad: 55
pero aunque en el campo quedan
muertos y·heridos diez mil
turcos, no por eso cesa
el rigor, que quince meses
de asedio nos amedrenta.   60
Y así para resolver
lo mejor quiero que sepa
el Senado lo que dice
el Supremo de Venecia,
(a quien toca dictar leyes   65
como superior cabeza
de esta isla) que enterado
del riesgo a que se halla expuesta,

me encarga os haga presente
a todos, a la nobleza   70
y al pueblo, cuán importante
es resistir la violencia
de Mahomet, hasta tanto
que en nuestro socorro llegan
treinta naves, y que cuando   75
disminuidas las fuerzas,
no podamos contrastarle,
demos la vida en defensa
de la fe, nobles patricios,
católicos de la Iglesia.   80

Fabiano   Padre y señor, ¿quién habrá
que resista a una propuesta
tan justa?

Arnesto   Sin resistirla,
cuando la vida se arriesga,
es el derecho común   85
preferido a las violentas
persuasiones del Senado.

Senador 1   Demás, que si vuestra Alteza,
(en cuyos hombros descansa
hoy la dignidad suprema)   90
auxiliado ya y armado
de los ardides que enseña
la militar disciplina,
por más válidas refriegas,
combates y escaramuzas   95
que ha ejecutado, aunque en ellas
salió como hoy, victorioso,
solo irritar la soberbia

del enemigo ha logrado,
qué esperanza habrá que pueda   100
lisonjearnos de que el turco
levante el sitio?

Senador 2   Sus fuerzas
son invencibles; y hoy dicen
que con un socorro llega
Mahomet al puerto.

Arnesto   El hambre   105
cada día nos estrecha
con más rigor; el empeño
con que mira esta interpresa
es grande, cuando en persona
viene el gran señor; la experta   110
conducta de Solimán,
(su gran General) da pruebas
de su valor; el morir
no evita que el turco sea
señor de la isla; sus hijos   115
(como vemos) se interesan
en defenderla animosos;
pero si el trance se acerca
de morir, o de rendirse,
no es razón que todos mueran.   120

Pelealogo   No es razón, que no hay razones
que esa sin razón convenzan.
¿Quién querrá ver de vosotros,
si al enemigo se entrega
la ciudad, en vil tirano   125
cautiverio a la nobleza?,
¿quién el amor y la fama

de las mujeres expuesta
a la bárbara osadía
del contrario?, ¿quién las regias   130
dignidades ultrajadas?,
¿quién disipada la hacienda?,
¿y quién (esto es más que todo)
profanadas las iglesias
donde a Dios le tributamos   135
cultos con fe verdadera?

Alexandro   No, padre mío; morir,
                   morir primero que lo consientas.

Fabiano   La causa de Dios defiende,
                   que él mirar por la nuestra.   140

Pelealogo   Callad hijos, porque son
                   espadas que me penetran
                   vuestras voces, inspiradas
                   del celo que las alienta
                   fervoroso.

Los tres senadores   A tal ejemplo   145
                   todo el Senado sujeta
                   el yugo a vuestro dictamen.

     (Tocan.)

Pelealogo   ¿Pero qué llamada es esta?

Colberto   Tremolando desde el campo
                   al aire blanca bandera   150
                   en nombre del gran señor
                   pide Solimán audiencia;

y escoltado de su guardia
al Senado se presenta.

(Solimán, turco bizarro, escoltado de una guardia suya, sable en mano
su escolta.)

Soldado	Salve, general valiente;	155
	y el gran Dios que reverencian	
(Aparte.)	los cristianos (y yo adoro)	
	os asista.	

Todos   Con bien vengas.

Pelealogo   Toma asiento, di ¿a qué vienes?

Solimán   Antes pretendo (depuesta   160
mi autoridad) admirar
en tu valor y prudencia
uno de los Generales
mayores, que con eternas
alabanzas, en el templo   165
de la fama se celebran.

Pelealogo   ¿Por qué lo dices?

Solimán   Por ver
que con tan débiles fuerzas
me destruyes.

Pelealogo   En ti se halla
prerrogativa suprema   170
de honrar al que es tu contrario.

Solimán   Con razón, porque si llega

mi brazo a vencerte, en vano
aspira a mayor empresa.

Pelealogo   Eso es por hacer mayor   175
                          la victoria que deseas.

Solimán   Esta es deuda que tu grande
                          corazón se adquiere.

Pelealogo   Deja,
                          general invicto, gloria
                          del Asia, y terror de Persia,   180
                          esa plática, y refiere,
                          tu embajada.

Solimán   Pues es esta;
                          Mahomet segundo, invicto
                          emperador de la excelsa
                          Constantinopla y del mundo,   185
                          que oprime, manda y sujeta
                          su poder, pues siete imperios
                          orlan su augusta diadema:
                          hijo del Sol y de Marte,
                          feliz alumno en la guerra;   190
                          salud te envía, y, por mí
                          te dice, que su grandeza
                          no puede ya sin desaire
                          mirar con indiferencia
                          el ultraje que de ti   195
                          sus armas experimentan:
                          y así te manda...

Pelealogo   ¿A quién manda?

Solimán   A ti, pues por suya cuenta
(Se levanta.)   ya esta plaza, que me entregues
                 las llaves, y si no...

Pelealogo   Cesa,   200
                 que está demás tu embajada
                 si tu pretensión es esa:
                 y así dile...

Voces (Dentro.)   Quita, aparta.

Pelealogo   ¿Qué es aquello?

Colberto   La Princesa.

Todos   ¿Qué intentará?

(Sale la Princesa, Nise, Celia y damas cristianas.)

Princesa   Generoso   205
                 congreso, pueblo y nobleza,
                 cuantas ilustres matronas,
                 y cuantas jóvenes bellas
                 saben que por Solimán
                 el contrario pide audiencia   210
                 al Senado: temerosas
                 de que ha de ser en ofensa
                 de su honor, cuanto no fuere
                 negarle lo que pretenda;
                 han movido mi piedad,   215
                 a que en su nombre interceda
                 con el Senado, porque
                 al consultar la respuesta
                 que ha de dar, tenga presente

el riesgo a que queda expuesta   220
su fama, si el enemigo
de la ciudad se apodera;
y así en el nombre de todas,
vengo a deciros resuelta,
que antes que exponer su amor   225
todas, y yo la primera,
dejando por el arnés
joyas, brocados y perlas,
como amazonas cristianas
sostendremos la fiereza   230
del enemigo en el trance,
hasta morir en la empresa;
y así...

Pelealogo   Tente, no prosigas.

Solimán (Aparte.) (¡Cielos, qué deidad es esta!)

Todos   ¡Valiente resolución!   235

Solimán   ¡Noble osadía! Si fueran
todos como yo rendidos
y atentos, y en la belleza
(que no es posible) os igualan
todas vuestras compañeras,   240
seguro era el vencimiento,
señora, de parte vuestra.

Princesa   Cortesano embajador,
no hablo contigo.

Celia   Si piensas
con afectadas lisonjas   245

18

sorprender nuestra entereza,
te engañas.

Pelealogo   Ya resolvió
el Senado; escucha atenta,
y tú también, Solimán,
escucha, para que seas,   250
cuando tú pides que niegue
(A su hija.)   y tú mandas que conceda
(A Solimán.)   respuesta de tu embajada,
lo que a mi hija respondiera.
Dile a Mahomet...

Solimán   ¡Qué escucho!   255
(Aparte.)   (¿Esta dama es hija vuestra?)

Pelealogo   Y estos dos jóvenes bellos.

Solimán   Cuánto de oírlo me pesa.

Pelealogo   ¿Por qué?

Solimán   Porque me lastima
la rigurosa tragedia,   260
y el estrago tan sangriento
que amenaza a tu belleza.

Todos   ¿Qué dices?

Solimán   Que cruel ministro,
le va a formar la sentencia
de muerte su mismo padre.   265

Pelealogo   ¿A mi hija yo?

(Levántanse todos.)

Solimán   Es cosa cierta.

Pelealogo   ¿Deliras?

Princesa   ¿Estás en ti?

Solimán   ¡Oh malograda inocencia!,
                   ¡oh padre impío!, ¡si el golpe
                   no detienes, que os acerca   270
                   al inhumano suplicio
                   de una cruel muerte!

Princesa   Suspensa
                   de oírte...

Pelealogo   Absorto a tus voces
                   no hallo razones que puedan
                   responderte.

Princesa   ¿Por qué causa?,   275
                   ¿o cómo a mí me condena
                   mi padre al suplicio?

Solimán   Siendo
                   (si en sus máximas se empeña)
                   homicida riguroso
                   de toda su estirpe regia,   280
                   y aun de sí mismo, supuesto
                   que fiero más que las fieras
                   se destruye con su ser.

Fabiano   ¿Qué te persuade a que quepa
                 esa crueldad en mi padre?   285

Solimán   El que traigo orden expresa
                 del gran Mahomet mi dueño
                 para (si el Senado niega
                 su pretensión) prefinirle
                 dos horas; y fuera de ellas,   290
                 si no entregáis la ciudad,
                 de abrasarla y demolerla
                 jura por Alá, rompiendo
                 a sangre y fuego sus puertas.
                 El gran señor ya ha venido   295
                 con su esposa a poseerla;
                 cien mil infantes, y veinte
                 mil de a caballo la cercan:
                 los puertos tengo tomados,
                 las baterías dispuestas,   300
                 mi orden aguardan; conque
                 si constante perseveras
                 en defenderte, tú mismo
                 destruyes tu descendencia,
                 a ti y a toda tu patria;   305
                 pues es forzoso perezcan
                 al irritado coraje
                 de nuestras iras sangrientas.
                 Y así antes de responderme
                 tu peligro considera,   310
                 que después ni aun yo podré
                 favorecerte aunque quiera.

Pelealogo   Calla, calla, que no sé
                 cómo ha tenido paciencia
                 mi autoridad para oír   315

proposiciones tan necias,
tan bárbaras y arrogantes.
Dile a Mahomet que emprenda
la acción, y dará el valor
el triunfo a quien le merezca.   320

Los 2 hijos   ¿Y es ese el temido daño
que me amenaza?

Princesa   ¿Y es esa
la impiedad con que mi padre
al suplicio me condena?

Solimán   Tan por instantes, que voy   325
a ejecutar la sentencia.

Princesa   Pues si pende del combate,
cuando las vidas se arriesgan
y la fe, vale una espada
cristiana por cien cabezas   330
mahometanas; y así dile
al Emperador que venga.

Solimán   No es la inacción que hasta aquí
visteis en mí consecuencia;
porque antes mandaba yo,   335
y hoy me mandan que obedezca.

Arnesto   Lo será haber desistido
muchas veces de la empresa
tu ejército.

Solimán   ¿Quién te ha dicho
que a no haber causa secreta   340

en mí, que tal vez me inspira
a no hacer lo que debiera
con vosotros, que el volcán
que en mi pecho se alimenta,
a impulsos de mi furor,   345
brotando ardientes centellas,
no os hubiera reducido
a miserables pavesas?

Senador 1 (Aparte.)   (¿Qué causa?)

Solimán   Ser yo... cristiano
no te importa a ti el saberla.   350

Senador 1   Mucho ofreces.

Solimán   Y sé hacer
mucho más de lo que ofrezca:
en fin ¿qué es lo que respondes?

Pelealogo   Que las amenazas fieras
ni el ejército soberbio   355
de Mahomet me amedrentan.

Solimán   Del enemigo el consejo
tomar, suele ser prudencia;
mira que aquí tu enemigo
como amigo te aconseja.   360

Pelealogo   Como Solimán y amigo
te agradezco la fineza
con mis brazos; pero como
Emperador, que te vuelvas
te mando al punto.

Solimán   ¿Eso dices?   365

Pelealogo   Y mucho más te pudiera
                   decir.

Solimán   Ay de ti en sabiendo
                   Mahomet esa respuesta:
                   dile que advierta tu riesgo.

        (A la Princesa.)

Princesa   A lo contrario le alienta   370
                   mi corazón.

Solimán   ¿También eres
                   impía contigo mesma?

Pelealogo   La empeña su amor y el mío.

Solimán   Mira que tu honor te ciega.

Pelealogo   Ya estás cansado, y ya es eso   375
                   abusar de mi prudencia.

Solimán   ¿Que en fin no te ablandas?

Pelealogo   No.

Solimán   Pues ya que en eso te empeñas,
                   Alá te guarde.

Pelealogo   Y a ti.

| Solimán | Pelealogo, a la defensa. | 380 |

| Pelealogo | Al asalto, Solimán. |

| Solimán | Venza el brío. |

| Pelealogo | El valor venza. |

| Solimán | Toca al arma. |

| Todos | Al arma toca. |

(Vase Solimán con su escolta, y Colberto, que le va convoyando.)

| Pelealogo | A la amenaza sangrienta
del enemigo soberbio, | 385 |

¿qué dispone la prudencia
del Senado?

| Arnesto | Defendernos
valientes. |

| Pelealogo | Pues no se pierda
el tiempo, que es tan preciso
a los reparos. |

| Todos | ¿Qué ordenas? | 390 |

| Pelealogo | Que cada cual, a los puestos
que están a su cargo atienda. |

| Todos | Todos te obedeceremos. |

| Pelealogo | Amigos, hoy resplandezca |

el blasón que consiguieron,   395
muriendo por defenderla,
los griegos en esta isla.
Igual caso nos acuerdan
las historias en Sagunto,
en quien la fe...

Voces (Dentro.)   Guerra, guerra.   400

     (Sale Colberto.)

Colberto (Acelerado.) Mira que ya el enemigo
                       a las murallas se acerca.

Pelealogo   Vencer, o morir, amigos.

Los dos hijos   ¿Vencer, o morir me ordenas?

Pelealogo   Sí.

Todos   Pues vencer, o morir   405
                       por la fe que nos alienta.

     (Vanse todos sacando la espada, menos Pelealogo y la Princesa.)

Princesa   Fabiano, Alexandro, hermanos,
(Le detiene.)   padre, señor, tente, espera;
                       y si vais a morir todos,
                       muera yo también.

Pelealogo   No temas,   410
                       pedazo del corazón
                       que te idolatra; y espera
                       que volvamos victoriosos.

Princesa   Ay padre mío, ¿y si trueca
                  la suerte el acaso?

Pelealogo   Calla,   415
                  que me afligen tus ternezas.

Princesa   No te vayas, no me dejes
                  triste, afligida, y expuesta...

Pelealogo   ¡Qué rigor!

Princesa   A la ojeriza
                  de un tirano cruel.

Pelealogo   ¡Qué pena!   420

Princesa   Si yo heredé tus virtudes,
                  también tu valor: resuelta
                  sabré morir a tu lado.

Pelealogo   Eso es querer que yo muera
                  muchas veces; mas si acaso   425
                  yo fallezco...

Princesa   ¿Qué violencia?

Pelealogo   Dame palabra...

Princesa   ¿De qué?

Pelealogo   De no admitir las finezas
                  de ningún bárbaro aleve.

Princesa   ¿No soy tu hija?

Pelealogo   Eso me alienta.   430

Princesa   ¿No soy cristiana también?

Pelealogo   Sí, hija mía.

Princesa   Pues no temas,
que a los suplicios más fieros
mi constancia retroceda.

Pelealogo   Ese consuelo me anima.   435

Voces (Dentro.)   Arma, arma, guerra, guerra.

Pelealogo   A Dios.

Princesa   ¿Que vas a morir?

Pelealogo   O a vencer.

Princesa   ¡Oh qué funesta
despedida!, ¡oh padre amado!,
aguarda.

Pelealogo   No me detengas.   440

Princesa   No te vayas, vete, mira:
no mires: ¿así me dejas?,
pero a Dios, tente, mas no,
advierte, mas nada adviertas;
(De rodillas.)   y dame tu bendición   445
que yo si no...

Nise   ¡Qué tristeza!

Princesa   Dame el abrazo postrero.

Pelealogo   Y el alma que en ti se queda:
                a Dios.

Princesa   A Dios padre mío.

Pelealogo   Él a tus ojos me vuelva   450
                victorioso.

Princesa   Él me consuele.

Los dos   Y dé a los dos fortaleza.

   (Vanse.)

   (Mutación de muralla y castillos, en los que habrá Soldados y todos
los cristianos. La muralla tendrá una puerta en medio, y salen Soldados
turcos con banderas, escalas y picos, marchando, y detrás Hebraín, Salem,
Solimán, y Mahomet, todos de turcos: a los lados cureñas, abocados los
cañones a la plaza: salva.)

Voces   Mahomet invicto viva.

Mahomet   Ea Solimán, ya es tiempo
                que tu valor acredites   455
                contra los que mi supremo
                poder abatir pretenden.
                Ya sabes cuánto apetezco
                la posesión de esta Isla
                del Negro Ponto; pues siendo   460

mía, para otras empresas
facilita el logro.

Solimán   Hoy tengo
de ponerla a vuestros pies.

Salem   Ya he dicho que no convengo
en el asalto.

Solimán   Yo sí.   465

Salem   Cuando es evidente el riesgo
es temeridad la acción.

Mahomet   Siempre es gloria el vencimiento.

Solimán   Soldados, a la muralla
sable en mano, los obreros   470
rompan las puertas: no cesen
las baterías su fuego
hasta abrir brecha, de modo
que al hallarse los de dentro
con peligro en todas partes,   475
no podrán sin mucho riesgo
de unas, asistir a otras.

Hebraín   Toca al arma.

Solimán (Aparte.)   (Aunque lo siento,
no puedo excusarlo estando
mi pundonor de por medio.)   480

Mahomet   Al asalto.

Solimán   Al arma toca.

Mahomet   No te arriesgues, que más quiero
         perder la plaza que a ti.

Solimán   Eso es infundir aliento
         a mi osadía; Hebraín,   485
         a tu valor encomiendo
         el fuerte de este castillo.

Mahomet   Ya tu brazo el vencimiento,
         Salem, de la ciudadela.

Los dos   Aunque es difícil empeño,   490
         sabré rendirle.

(Arrimando escalas van asaltando la muralla, Hebraín a un castillo, Solimán y turcos al muro, y hacen fuego de una parte y otra.)

Unos   Arma, arma.

Otros   Guerra, guerra.

Mahomet   A sangre y fuego
         entrad, y no quede nadie
         que no gima su escarmiento.

Pelealogo   No entrarán por esta parte,   495
         que soy yo quien las defiendo.

Arnesto   Ni por esta, si no logran
         abrir puerta por mi pecho.

Solimán   Los lunados estandartes

he de tremolar al viento,   500
en la misma barbacana
que defiendes.

Pelealogo   Tu ardimiento
hallará en mí resistencia.

Solimán   Soldados el día es nuestro.

Pelealogo   Viva la patria: hoy es día   505
de hacer nuestro nombre eterno.
Victoria por la ciudad.

Mahomet   Ea, mahometanos fieros,
no el peligro os acobarde;
con insensible denuedo   510
se defienden los cristianos.

Pelealogo   Nuestra es la victoria.

Voces   Fuego.

   (Por encima del muro se verá parte de la ciudad: y empieza a arder con
la mayor propiedad que se pueda.)

Mahomet   Bombardeo, y baterías
los almacenes prendieron
de la pólvora (sin duda)   515
y en voraces mongibelos
arde la ciudad.

Solimán   Victoria
(Sube al muro.)   por Mahomet.

Pelealogo   ¡Qué oigo Cielos!,
                         viva la patria.

  (Brecha.)

Mahomet   A la brecha,
                         y todos perezcan.

Voces   Fuego.   520

Pelealogo   Amigos, morir matando
                         es el único remedio.

   (Suben los turcos al muro y castillo; retíranse los cristianos, todos
peleando, y entran otros turcos por la brecha que se abre en el muro; tre-
mola Solimán el estandarte real, y le fija en el muro.)

Solimán   Ya, gran señor, en la parte
                         donde era mayor el riesgo
                         fijé tu real estandarte.   525

Mahomet   El triunfo debo a tu esfuerzo.

   (Sale Salem.)

Salem   Ya la ciudadela es tuya.

Mahomet   Y también la plaza.

Voces   Fuego.

Mahomet   Y mientras yo victorioso
                         a la marina me vuelvo   530
                         a desembarcar mi esposa

(A Salem.)

y mi hermana, esté dispuesto
ese palacio; y repitan
en mi aplauso los acentos...

Voces (Salva.)   Mahomet invicto viva.   535

(Vanse. Cúbrese la muralla, y sale Arnesto, los dos senadores peleando,
y retirándose de Hebraín y turcos. Fachada de palacio.)

Arnesto   En vano intentas soberbio
                        pasar adelante.

Hebraín   En vano
                        resistís caducos, necios,
                        el paso, cuando ya dicen
                        esas voces.

Voces   Fuego, fuego.   540

(Atravesando el tablado riñendo, y salen Pelealogo, y Soldados retirándose de Salem y de otros turcos.)

Soldado 1   Ríndete, pues ya es inútil
                        defenderte.

Pelealogo   Aunque me veo
                        herido, sobra el valor
                        para esgrimir el acero.

Voces (Dentro.)   Muera el cristiano.

(Sale Fabiano peleando retirándose, cayendo y levantando, de otros
turcos, y cae a los pies de su padre.)

Fabiano   Ya cede   545
                  el valor al desaliento.

  Pelealogo
(Defendiéndole.)   Hijo mío.

Fabiano   A socorrerte
                  venía; pero no puedo:
                  que a tu vista por la patria
                  y la fe, gustoso muero.   550

  (Muere.)

Pelealogo   ¡Impía crueldad!, villanos
                  matadme a mí.

  (Embiste con todos precipitado, tropieza y cae, y sale Solimán conte-
niéndolos.)

Solimán   Deteneos
                  no le ofendáis.

Alexandro (Dentro.)   Virgen pura
                  amparadme.

Pelealogo   ¡Otro tormento!,
                  ¡hijo!, ¡Alexandro!

Solimán   Su vida   555
                  librad, si llegáis a tiempo.
                  Príncipe amigo, no temas;
                  vida, y libertad te ofrezco.

Pelealogo   Si pierdo el honor y fama,

| | la libertad es lo menos. | 560 |

Solimán Si ya la ciudad es mía
¿qué intentas?

Pelealogo Mientras yo pueda
defenderla, aún no has triunfado,
pues sabré vencer muriendo,
por más que digan las voces, 565
que me atosigan el pecho...

Voces Viva Mahomet.

Solimán Ninguno
le ofenda.

(Acometiendo a los turcos, y retirándose de ellos los cristianos. Solimán conteniendo, se van peleando. Galería con un corredor sobre arcos con bajadas al tablado por los lados, y sale la Princesa sobresaltada.)

Pelealogo Valedme Cielos.

Princesa Tropezando con mi asombro
cada paso es un tropiezo. 570

(Sale Colberto.)

Colberto (Acelerado, sable en mano.) Huye, gran señora, pronto,
al más oculto aposento
de este alcázar, por si en él
puedes precaver tu riesgo.

Princesa (Vivo.) ¿Qué riesgo?

Colberto   El que te amenaza.   575

Princesa   ¿Venció Solimán?

Colberto   Primero
se declaró la fortuna
por nosotros; pero luego
inhumana nos persigue,
y los contrarios vencieron.   580

Princesa   ¿Qué dices?

Colberto   Que a fuego y sangre,
lo que no consume el fuego,
su barbaridad destruye,
calles y casas corriendo.

Princesa   ¿Y mis hermanos?

Colberto   En grave   585
peligro quedan expuestos.

Princesa   ¿Y mi padre?

Colberto   Del Palacio
la entrada está defendiendo
mal herido.

                        ¡Ah padre impío!,
ven conmigo a socorrerlo.   590

Colberto   Tente no vayas.

Princesa   ¿Por qué?

Colberto   Por tu riesgo.

Princesa   No le temo.

Colberto   Mira...

Princesa   Habla claro.

Colberto   Pues es
                en vano, que ya habrá muerto;
                y huye, señora, entre tanto   595
                que yo en tu defensa muero.

    (Vase.)

Princesa   ¡Oh qué fiereza!, ¿pues cómo
                tal escucho, y no fallezco?
                Mas ¡ay de mí!, que el dolor
                me ahoga entre desalientos.   600

    (Cae desmayada en una silla, y sale Solimán al paño, Hebraín y turcos,
sable en mano.)

Solimán   A impedir que a la Princesa
                ninguno, se atreva, quiero
                adelantarme.

Princesa   ¡Oh infeliz

    (Volviendo del desmayo.)

                padre mío!, ¡en qué funesto
                trance me dejas expuesta,   605

a ser víctima y trofeo
mi inocencia de la infamia,
y el mayor ultraje!, ¡oh fiero
y bárbaro Solimán!

(Solimán hace señas que se retiren los turcos, sale.)

Solimán   ¿Pues Solimán qué te ha hecho?   610

Princesa   Impío, cruel, vengativo,
si acaso no estás contento
con derramar de mi padre
la sangre, que estás vertiendo,
y la de mis dos hermanos;   615
vierte la mía, soberbio.

Solimán   ¿Yo abrir tu pecho?, la luz
del Sol me falte, y el centro
de la tierra me sepulte
a los abismos primero.   620

Princesa   ¿Pues a qué vienes, tirano
homicida?

Solimán   Cobra aliento,
y véngate en mí, pues pongo
a tus pies vida y acero.

Princesa   No te acerques.

Solimán   ¿Por qué no   625
si a darte la vida vengo?

Princesa   Pues no eres tú el agresor

bárbaro, cruel y perverso,
que de mi padre y hermanos
vierte la sangre?

Solimán   Ellos mesmos   630
se arrojaron al peligro,
gloriosamente, adquiriendo
nueva vida con su fama:
y porque me creas, al Cielo
hago testigo, señora,   635
y a los hermosos luceros
de tus ojos, que no tuve
parte en su muerte, y que siento
su tragedia.

Princesa   Calla, aleve,
que no puede mi tormento   640
disimular esa falsa
piedad.

Solimán   Divino embeleso
de mi corazón, ¿por qué?

Princesa   Atrevido, desatento,
¿a mí me hablas de ese modo?,   645
¿sabes quién soy?

Solimán   Por lo mesmo
te adoro.

Princesa   Si das un paso
en mi ofensa, vive el Cielo
que a este puñal doy la vida.

Solimán   No hagas tal.

Princesa   Pues vete luego,   650
                 y déjame, o dame muerte,
                 si vienes con ese intento.

Solimán   Que nadie te ofenda, y darte
                 vida y libertad pretendo.

Princesa   De ti no admito otra cosa,   655
                 que la muerte que apetezco.

Solimán   Mi bien...

Princesa   Tente, no te acerques,
                 o el corazón me atravieso
                 con este áspid de metal.

Solimán   ¿Y es católico trofeo   660
                 de una cristiana esa acción?

Princesa   De un bárbaro defendiendo
                 mi amor, es heroico impulso.

Solimán   ¿En qué faltó mi respeto
                 a tu amor?

Princesa   En la traidora   665
                 cautela, que tus afectos
                 encubren para engañarme.

Solimán   Pues no temas, que al supremo...
(Suspenso antes.) Alá juro, por tu Dios,
(Aparte.)   trino y uno (a quien venero)   670

supremo hacedor de cuanto
incluye en sí tierra y cielo,
que sea tu voluntad
árbitra de mis deseos:
y ya empeñado en librarte   675
contraviniendo al decreto
del Emperador; ¿qué quieres
que haga por ti?

Princesa   Si es pretexto
para burlarme, resuelta
tengo de morir primero,   680
que rendirme: aquí la muerte
quiero esperar por consuelo.

Solimán   Cuanto a engañarte, aunque turco
soy noble, soy caballero,
y también soy... Pero basta,   685
tú lo sabrás a su tiempo.
Y en cuanto a quedarte aquí
no puede ser, por el riesgo
de tu vida, y así elige
a tu arbitrio; y yo te ofrezco   690
perder la vida por ti,
o ábrase un rayo mi pecho.

Princesa
(Aparte y llora.)   (¡Eurinome desgraciada,
en buen estado te han puesto
tus desdichas!, inspiradme,   695
gran Dios, aquello que debo
ejecutar.)

Solimán   ¿Qué resuelves?

(Se queda suspensa y llora.)

Princesa   Admitir partido, siendo
                    de mi enemigo, es bajeza
                    del valor.

Solimán   No habrá remedio   700
                    si tardas.

Princesa (Aparte.)   (Por otra parte
                    nada con morir granjeo.)

Solimán   No temas, mira que está
                    tu vida en no perder tiempo.
                    ¿Qué dices?

Princesa (Tierna.)   En tan deshecha   705
                    fortuna como me veo,
                    entre mi muerte y tu amparo,
                    si no hallan seguro puerto
                    en Candía mis desdichas
                    podrán reducirse a menos,   710
                    siguiendo entre mis parientes
                    la religión que profeso.

Solimán   Voy a prevenir tu embarco
                    con cautela; y mientras vuelvo
                    una escolta en guarda tuya   715
                    quedará.

Princesa   Páguete el Cielo
                    la piedad.

Solimán   Yo haré que impidan,
tu peligro.

Princesa   ¡Ah!, que le temo

Solimán   A Dios.

Princesa   ¿Que vendrás por mí?

Solimán   En alas del pensamiento.   720
                   O si en sabiendo en Candía
                   que soy católico, ¡en premio
                   de esta fineza ostentase
                   menos airado su ceño!

        (Vase.)

Princesa   Infelice padre mío,   725
                   no me culpes si procedo
                   en esto contra tu gusto,
                   que al verme sin ti, ¿qué medios
                   pueden tomar mis desdichas
                   en tanto mal?

   (Al paño, por el lado opuesto del que se fue Solimán, Salem: Turcos en lo
alto del corredor, que van bajando al tablado, todos sable en mano.)

Salem   Recorriendo   730
                   el palacio (antes que a él venga
                   con la Sultana el supremo
                   Mahomet), por ver si en él
                   algún infeliz encuentro
                   que haya librado la vida,   735
                   llegué hasta aquí, ¡más qué veo!,

aquí gente, hola, Soldados.

Uno   ¿Qué nos mandas?

Salem   Que cumpliendo...

Princesa   ¿Otro susto?

Salem   La real orden...

Princesa   ¡Hay más penas!

Salem   Al momento.   740

Princesa   ¡Triste de mí!

Salem   La deis muerte.

Princesa   Valedme, sagrados Cielos.

Salem   A esa cristiana infeliz.

Princesa   ¿Qué intentas?

  (Sale Hebraín y turcos a defenderla.)

Hebraín   No harán, que tengo
             orden de guardar su vida.   745

Salem   ¿De quién?

Hebraín   De quien puede hacerlo,
             que es Solimán, nuestro gran
             General.

Salem   Por eso mesmo

(Va a herirla, y se detiene.)

                         ha de morir; pero no,
                         que es un divino portento   750
                         de hermosura, conducidla
                         a ser venturoso empleo
                         de Mahomet, porque es digno
                         de un monarca tan supremo.

Princesa   Bárbaro, ¿en qué confianza   755
                         fundas tan infame intento?

Salem   En la de que en ti y tu vida,
                         puedo mandar como dueño:
                         sin duda que Solimán
                         para sí la oculta: luego   760
                         la conducid: este acaso
                         me hace feliz, pues granjeo
                         del Emperador la gracia
                         contra Solimán; opuesto
                         me persigue: ven, mujer,   765
                         no te detengas.

Princesa   Primero
                         sabré morir, que ir contigo.

Hebraín   Y yo sabré defenderlo

Salem   Matadle: tú no resistas,

(Riñen Hebraín, y su escolta con la de Salem y este toma del brazo a la
Princesa, llevándola como con violencia y desprecio.)

	pues ya eres mi esclava, y tengo	770
	en ti dominio.	
Princesa	¿Yo esclava?,	
	villano, ¿cómo tu aliento	
	tal pronuncia?	
Salem	Ven conmigo.	
Hebraín (Riñendo.)	Sin que me mates primero no has de llevarla.	
Salem	Ya es mía.	775
Princesa (Aparte.)	(Solimán, oh a qué mal tiempo te ausentaste: suelta.)	
Salem	Calla, o el corazón te atravieso.	
Princesa	Infame, no tu amenaza me causa terror.	
Salem	Hoy tengo de ser dichoso por ti.	780
Princesa (Aparte.)	(Echó mi desdicha el resto.)	
Salem	Sígueme, o te hago pedazos por Mahoma.	

Princesa   Monstruo fiero,
el más impío y cruel
de los hombres, pues no puedo
por mí vengar este ultraje,
vénguense de ti los Cielos.

Acto segundo

La mutación será una vistosa marina de foro adentro, en el interior jardines, muchas naves con marineros y turcos en ellas; en una que vendrá de frente al muelle Mahomet, Sultana, Zaira y damas turcas: todos van desembarcando durante el 4, y marcha interpolada, a que acompañarán a la orquestra instrumentos de boca que habrá en las naves, y también desembarcando: vuelta al tablado en orden según desembarcan.

Música   Al Sol de Constantinopla,
que ilumina este horizonte,
saluden dulces candencias
deidad de mares y montes.

Voces   Mahomet y la Sultana   5
vivan eternas edades.

(Salva de cajas y clarines, y luego marcha.)

Música   Y en ecos marciales,
y en métricas voces
sus glorias aplaudan,
sus triunfos coronen.   10

Zaira   Ciñan su imperial diadema
más laureles que diamantes.

Mahomet   Ya bellísima Sultana
has logrado coronarte
señora del Negro Ponto.   15

Sultana   Ya los cristianos abaten
su orgullo a tus medias lunas.

Zaira   En hora feliz te aclamen
                         tus tropas (al ver que ocupas
                         estos jardines) triunfante.   20

Nise   Legad todas, y a sus pies
                         pidamos que nos ampare.

Mahomet   ¿Qué es esto?

Zaira   El pueblo afligido,
                         que en voz de la mayor parte
                         de las cristianas, se acerca   25
                         repitiendo en dulces ayes...

Celia y Música   Clemencia, señor, y ostenta
                         con nosotros tus piedades.

Mahomet   No temas: cese el rigor,
                         y con decoro se traten   30
                         estas míseras cristianas
                         que de mi piedad se valen.

Princesa   Suelta traidor.

   (Dentro ruido de espadas.)

Salem   Ven, cristiana.

Sultana .   Aún dura el combate.

Nise   La Princesa es.

Salem   Quita.

(Sale riñendo Salem, Hebraín y turcos en la disposición que acabó el primer acto, trayendo Salem asida a la Princesa del brazo.)

Salem   Dadme vuestras reales plantas.

Mahomet   Hermosa mujer, ¿qué es esto?

Salem   Querer Hebraín quitarme
                         la gloria de presentaros
                         esta cristiana, a quien hace   40
                         mi esclava el logro de hallarla,
                         pues opuesto a mi dictamen
                         para Solimán la oculta:
                         y empeñado ya en el lance
                         de ofrecer a vuestros pies   45
                         su beldad (por ser tan grande
                         como se admira) a las armas
                         acudí.

Hebraín   Que la guardase
                         mandó Solimán, porque él
                         atrevido y arrogante,   50
                         no se atreviese a su honor,
                         gran señor, porque a no hallarme
                         en guarda suya, no fueran
                         tan seguras sus lealtades.

Mahomet   Sin duda que Solimán   55
                         para mí la ocultó, alarde
                         haciendo de una fineza
                         sin igual.

Salem
(Con desprecio.)   Llega a postrarte
a tu dueño.

Princesa   Aborreciendo
en ti el más abominable   60
mortal de la tierra, llego.

Salem   No importa.

Mahomet   Prodigio amable
es de hermosura. ¡Qué pena
para Solimán!

Zaira   Su traje
y rostro indican nobleza.   65

Princesa (Aparte.)   (¡Para esto, Cielos, guardasteis
mi vida infeliz!)

Mahomet   ¿Quién eres?

Princesa   Una cautiva que abate
la fortuna a la inhumana
esclavitud en que yace.   70

Mahomet   ¡Divina mujer!, levanta
del suelo, con tus pesares
haciendo treguas; suspende
el llanto.

Princesa   No será fácil
al verme desamparada,   75
huérfana y esclava, que halle

consuelo, pues he perdido
en el sangriento combate,
padre, hermanos, libertad,
grandeza, honor y carácter.   80

Sultana   ¿Pues quién eres?

Princesa   Eurinome,
infeliz hija del grande
Pelealogo, general
Caudillo, Príncipe y padre
del Negro Ponto: este alcázar   85
era el suyo: aquí triunfante
vivió y murió, pues en él
derramó su noble sangre.

Mahomet   Princesa eres, y no esclava:
aquello que tú mandares,   90
se ejecute; y por que veas
el digno aprecio que hace
mi real persona de ti;
Hebraín, ¿serán capaces
para serrallo esos dos   95
edificios confinantes
a Palacio?

Hebraín   Sí señor.

Mahomet   Pues como guarda y alcaide
de él, y sus jardines, manda
disponerla otro hospedaje   100
igual al de la Sultana;
y, pena de muerte, nadie
a su recinto se atreva

sin orden mía.

Hebraín   Está bien.

Sultana (Aparte.)   (Tales
extremos mas de pasión,   105
que de compasivo nacen.)

Mahomet   Escúchame, hermana Zaira,
no de su lado te apartes,
facilítala consuelo,
y entre músicas y bailes   110
divertida, esas cristianas
la sirvan y la acompañen.

Zaira   Tanto me obligan sus penas,
que haré poco en agradarte.

Princesa   Solo ese alivio pudiera   115
hacer feliz el desaire
de mi contraria fortuna.

Mahomet   ¿Qué premios serán capaces,
Solimán, a esta ventura?,
ven, que quiero acompañarte   120
al real aposentamiento
que te espera.

Princesa   Eso es tratarme
como a esclava, gran señor,
pues el querer ensalzarme
tanto, con las honras vuestras   125
nueva esclavitud me añade.

Sultana   Y a mí el terrible martirio
                           de padecer este ultraje.

(La toman de la mano Mahomet y Zaira.)

Mahomet   Cantad todas.

Zaira   Ven, cristiana

Mahomet (Aparte.)   (Amor, si logro ver fácil   130
                           este divino imposible
                           a mi ruego, en tus altares
                           sacrificaré holocaustos.)

Princesa   ¿Quién resistirá el combate
                           de un enemigo tan fiero   135
                           que consiga con piedades?

Música   Y en ecos marciales,
                           y en métricas voces,
                           sus glorias aplaudan,
                           sus triunfos coronen.   140

(Vanse Mahomet, Zaira, la Princesa y cristianos.)

Sultana   ¡Sin hacer caso de mí
                           se ausentó!, ¿cómo el esmalte
                           regio de mi Majestad,
                           consiento que se profane
                           de este modo (de ira tiemblo),   145
                           sin que el pecho en huracanes
                           de incendios (muero al decirlo)
                           le destruya?

Salem   ¡Sin mostrarse
               agradecido se fue!

Sultana   Tal oprobio...

Salem   Tal desaire...   150

Sultana   ¡Merece mi amor!

Salem   Merece
               mi lealtad, que le complace
               con tanto exceso?

Sultana   ¡Ultrajado
               mi honor y mis vanidades!

Salem   Mas no soy Salem, ¿quién manda   155
               tanto lunado estandarte?

Sultana   ¿Mas no soy yo la Sultana
               a quien idolatra afable
               todo el Imperio Otomano?

Salem   Pues a vengarme:

Sultana   A vengarme: 160
               retiraos todas: Salem,
(Vanse las damas.) aunque pudiera quejarme
               de ti, porque has sido causa
               de que esa cristiana infame
               mi soberanía exponga   165
               (rabiando estoy de coraje)
               a este baldón, no he de hacerlo,
               porque para que se ataje

daño tan ejecutivo
de ti pienso aconsejarme.   170

Salem   Yo, señora, la conduje,
                 creyendo que la igualase
                 en la estimación, a cuantas
                 hermosuras de su clase
                 trae en su serrallo, no   175
                 para que así la ensalzase.

Sultana   ¿Qué me aconsejas a vista
                 de tan conocido ultraje?

Salem   ¿Qué?, a gran daño, gran remedio.

Sultana   ¡Qué remedio habrá que baste!   180

Salem   Yo lo sé.

Sultana   Dile.

Salem   Es impío.

Sultana   Que lo sea.

Salem   Es formidable.

Sultana   No importa.

Salem   Es fiero.

Sultana   No temas.

Salem   Pues es...

Sultana   No te turbes.

Salem   Darle
la muerte...

Sultana   ¿A quién, a mi esposo?   185

Salem   A esa esclava vil, que abate,
y desluce tu grandeza.

Sultana   Como yo logre vengarme
de esta enemiga, yo haré
tu nombre eterno con darte...   190

Salem   ¿Qué, gran señora?

Sultana   La muerte,
para que nunca declares
mi intención.

Salem   ¿Qué me darás?

Sultana   El premio de tus lealtades.

(Salón corto: sale Hebraín deteniendo a Solimán.)

Hebraín   Tente, Solimán.

Solimán   No impidas   195
que mi despecho inhumano
me acabe: después que dejo
asegurado el embarco
de la Princesa, y que vuelvo

en busca suya a palacio,   200
hallo en él a Mahomet,
¡y ella en su poder!, sagrados
cielos acabad mi vida,
aborte la tierra un rayo
que mi corazón destruya,   205
habiéndome despojado
el mayor bien, pues él solo
era más digno que cuantos
triunfos, aplausos y gloria,
mi fama me ha coronado.   210

Hebraín   Repórtate.

Solimán   Cómo ¿es fácil?
si el incendio en que me abraso
apenas en desalientos
permite voces al labio;
¡Oh Princesa desgraciada!,   215
¿de qué te sirvió el amparo
que te ofrecí?, ¡ah vil Salem!,
el más fiero y más tirano
de los hombres, ¡que me usurpas
la gloria de un bien tan alto!,   220
teme, fementido, aleve,
mi furor: teme el estrago
de mi enojo, que te busca
para vengar este agravio.

Hebraín   Eso sí, muera Salem,   225
pues te ofende; pero en tanto
dime, ¿tu honor y tu amor
han de quedar desairados?

Solimán   ¿Desairado mi amor?

Hebraín   Sí,
               y tu honor; que si le has dado   230
               palabra a Eurinome bella
               de libertarla, lo airado
               no te saca del empeño.

Solimán   ¿Pues qué haré?

Hebraín   Pensar bizarro
               como amante y caballero   235
               libertarla.

Solimán   Sigue mis pasos.

(Suspéndese un poco.)

Hebraín   ¿Dónde vas?

Solimán   A embarcar hoy
               a Eurinome: a hacer pedazos
               cuantos quieran impedirlo,   240
               y a pegar fuego al palacio
               en que está.

Hebraín   ¿No consideras
               que una vez que es el serrallo
               su esfera, pierde la vida
               quien se atreve a profanarlo?   245

Solimán   ¿Qué importa perderla?

Hebraín   Mucho,

si no consigues el lauro
de servirla con perderla.

Solimán   ¿Pues qué he de hacer si a lo osado
y valiente, y a lo fiero   250
y vengativo hay reparo?

Hebraín   Esperar que Zaira hermosa,
a quien ella ha confiado
el secreto, proporcione
a mi ruego, y a su llanto   255
que esta noche..., más aquí
llega Mahomet, tu mano
es árbitra de sus gracias:
por el triunfo, que hoy le has dado,
pide a Eurinome rendido,   260
que él te la dará bizarro;
y a Dios, que yo voy a verla.

(Vase.)

(Sale Mahomet con guardias.)

Mahomet   A mi esposa voy buscando.

Solimán   ¡Gran señor!

Mahomet   ¡Pero qué miro!,
¡Solimán!, llega a mis brazos: 265
atlante de mi corona
pide grandezas y cargos
honrosos, que cuanto pidas
te daré.

Solimán (Aparte.)   (Yo me declaro:
pues ya que vuestra grandeza   270
tanto me honra (aunque no alcanzo
el motivo) una merced
pido a vuestros pies postrado
por trofeo de mis triunfos,
pues ella basta a premiarlos;   275
y es que me deis...)

Mahomet   ¿A mi hermana?

Solimán   No aspiro a premio tan alto.

Mahomet   Pues aun ella fuera poco
precio, según lo obligado,
me tienes.

Solimán   Logré mi dicha.   280

Mahomet   ¿Qué dudas?

Solimán   Temo enojaros.

Mahomet   Más que me pidas te ofrezco.

Solimán   Pues es, señor...

Mahomet   Cierra el labio:
que no quiero que te cueste
el rubor de pronunciarlo.   285
¿Querrás mandar en mi nombre
todo el Imperio Otomano?
¿Querrás mi sello real,
para que todo el despacho

corra por ti, dando empleos,   290
y siendo otro yo en el mando?,
pues todo te lo concedo.
¿Quieres más?

Solimán   No pido tanto:
lo que quiero es que me des...

Mahomet   ¿Puerta franca en el serrallo,   295
que de todas mis grandezas
es el don más soberano?,
pues la tienes.

Solimán (Aparte.)   (Ya embarcarla
podré así: vivas los años
del fénix, que se eterniza   300
en su hoguera.)

Mahomet   Mas te encargo,
que los dos alojamientos
que ocupan con regio ornato
la Sultana y la cristiana
Princesa esclava, que hoy gano   305
por ti, (pues tú la ocultaste
para mí) son reservados
a mi grandeza; y pues ves
que a ser otro yo te ensalzo,
sabe que solo estas dos   310
prendas del alma idolatro.

(Vase.)

Solimán   Qué importa, si más que valen
tus grandezas me has quitado:

¡a Eurinome adora, Cielos!,
llegó mi amor a su ocaso   315
más funesto, y mi esperanza,
y a soplos del cierzo infausto
de los celos, murió triste.

(Sale Hebraín.)

Hebraín   ¡Solimán!

Solimán   Ya son en vano
tus consuelos: Mahomet   320
adora a Eurinome; ufano
de su amor, cetro y anillo
imperial pone en mi mano,
y aun mi muerte, que es más cierto.

Hebraín   No temas, pues ya, amparado,   325
de la noche, has conseguido,
que en el jardín esperando
estén Zaira y Eurinome,
a que llegues recatado
conmigo a hablarlas.

Solimán   ¿Qué dices?   330

Hebraín   Que allí hablaremos despacio,
cuanto importare.

Solimán   ¿Y tu riesgo?

Hebraín   Con tu amistad no reparo
en riesgos.

Solimán   ¡Noche funesta
                        sé propicia a un desdichado!   335

(Vanse.)

(Jardín corto con rejas al frente, puerta en medio, Mahomet, Zaira,
Eurinome, y damas cristianas.)

Mahomet   Cautiva de tu divina
                        hermosura vive el alma;
                        y en canje de ella te ofrezco
                        todo mi imperio.

Princesa   Obligada
                        (pero no amante) agradezco   340
                        vuestras honras.

Mahomet   Mi esperanza
                        a costa de rendimientos
                        sabrá coronarse ufana
                        de la dicha que apetece.

Princesa (Aparte.)   (Por mi ley, mi honor y fama   345
                        moriré primero.)

Zaira   Hermano,
                        las acciones más hidalgas
                        pierden el blasón de nobles
                        si el vil interés las aja.

Mahomet   Ay Zaira, que es mucho incendio   350
                        el que el corazón abrasa.

Zaira   Pues déjale al tiempo.

Mahomet	De él
	y de ti fían mis ansías
	su alivio; yo me retiro:
	gozad la florida estancia	355
(A la Princesa.)	de estos pensiles; y tú
	o restitúyeme el alma,
	o no hechices con tus ojos,
	o templa esta activa llama.

(Vase.)

Sultana   ¡Qué oigo, cielos!

Princesa   Mal podré.   360

Zaira   Esperemos a la entrada
                 del jardín a Solimán.

Princesa   Su amparo, y tu amor me valgan.

(Vanse.)

(Sale la Sultana, se va oscureciendo el teatro, pasando la Luna entre nubes.)

Sultana   ¿Qué tengo que esperar?, ya mis recelos
                 viles ofensas son; muera esta esclava,   365
                 que es motivo de ajar a mi grandeza
                 el luciente esplendor con que brillaba.
                 Buena ocasión es esta, hacia su cuarto
                 por aquí ha de pasar: si entre estas ramas
                 por aquí ha de pasar: si entre estas ramas   370
                 cautelosa que encubro, no aventuro

ni aun ser conocida.

(Solimán y Hebraín por la puerta de las rejas.)

Hebraín   Ya la estancia
          ocupas del jardín: en este sitio
          a que lleguen espera.

(Vase.)

Solimán   ¡Oh si embarcarla
          esta noche pudiera, dando al viento   375
          por último consuelo mi esperanza!

Sultana   Pasos siento.

Solimán   Sin duda es Eurinome
          la que hacia mí se acerca: albricias alma.
          Idolatrado dueño de mi vida,
          ya es mi suerte dichosa, ya mis ansias   380
          respiran parabienes, pues tu vista
          trueca en serenidades la borrasca.

Sultana   ¿Si sabrá Solimán, que habla conmigo?

Solimán   Y pues tuya es mi vida...

Sultana   ¿Con quién hablas?

Solimán (Aparte.)   (¡Esta no es Eurinome!)

Sultana   ¿Me conoces?   385

Solimán (Aparte.)   (¡Infelice de mí, que es la Sultana!)

Sultana   ¿Sabes quién soy?

Solimán (Aparte.)   (Si digo que Eurinome
arrastra mis afectos, irritada
se venga de los dos.)

Sultana   ¿Por qué enmudeces
mal vasallo, traidor?, ¿así profanas   390
de mi soberanía los respetos
y el honor de mi esposo?

Solimán (Aparte.)   (Ni aun palabras
encuentro en mi disculpa: yo estoy muerto.)

Sultana   ¿Tú a mi augusta grandeza?, ¡tú con alas
de cera al mismo Sol!, vivo yo misma   395
que Mahomet castigue tu arrogancia.

Solimán   Esto ha de ser: perdona, que mi afecto
cansado de mirar nada repara.

Sultana   ¿Qué dices?

Solimán   Que soy clicie de tus rayos;
y amor, y tu hermosura es quien me arrastra.   400

Sultana   Loco, traidor, villano...

Solimán   ¡Oh a qué riesgo
me llegó a conducir mi suerte infausta!

Sultana   ¿No sabes lo sagrado de este sitio?

| Solimán | El tuyo es superior, me avasalla | |
| | mi amor a profanarle. | |

| Sultana | ¿Cuántas muertes | 405 |
| | merece tu delito? | |

Solimán	No me atajan:	
	yo reprimí constante mis afectos;	
	si una noble pasión por ti me mata,	
	morir quiero gustoso, con que sepas	
	que es el morir por ti gloriosa hazaña:	410
	y así a tus pies estoy, premia o castiga.	
(Aparte.)	(Ay Mahomet invicto, no te agravia	
	mi amor en lo que finjo.)	

Sultana (Aparte.)	(Si esto es cierto,	
	mi esposo me ha ofendido, este me ensalza:	
	altivo pundonor, ya no eres mío;	415
	amor, envidia y celos me avasallan,	
	que siendo de mujer viles afectos	
	cerca están de abatir lo soberana.)	

| Solimán | ¿Muero, señora o vivo? | |

Sultana (Aparte.)	(Del imperio	
	es la noble columna y mejor basa	420
	después de Mahomet. Alza del suelo,	
	y dame una señal de la constancia	
	del amor que publicas que me tienes,	
	que estando mi grandeza asegurada	
	de tu lealtad, acaso más benigna	425
	oiré tus finezas.)	

| Solimán | ¿Qué más clara | |

señal que publicar la pasion mía?,
en lo demás dispón, ordena y manda
que mate, que destruya, que aniquile,
que venza, que conquiste, y que a tus plantas   430
el mundo ponga. Salga de este empeño
que yo enmendaré el yerro.

Sultana   Pues si me amas
pienso hacerte feliz; mas ruido siento,
hacia aquí te retira.

Solimán   Estoy sin alma.

(Se retira al lado oculto, y por el opuesto sale Eurinome y Zaira.)

Zaira   Aquí dijo, Hebraín, bella Eurinome,   435
que Solimán te espera.

Princesa   A darle gracias
de la noble intención de libertarme
me lleva mi cuidado.

Zaira   Y no te agradan
sus prendas generosas?

Princesa   Es opuesta   440
a mi ley, la que sigue.

Zaira   La Sultana.

(Se encuentran.)

Princesa   Señora, ¿vos aquí?

Sultana   ¿Qué atrevimiento
(cuando el jardín ocupo) te adelanta
a embarazarme en él?

Princesa   ¿Sabía acaso
que en su esfera estáis vos?

Zaira   Una ignorancia   445
no es culpa.

Sultana   Es osadía: idos al punto.

Princesa   Antes quiero saber por qué me tratas
con tal rigor.

Sultana   Si estar favorecida
te influye vanidad, mísera esclava,
yo abatiré tu orgullo.

Princesa   Esos favores   450
ni alientan mi altivez, ni la contrastan:
la virtud es mi norte y mi nobleza;
ni a vos, y siendo quien sois, cede ventaja.

Sultana   Necia cristiana infame, ¿a mí te atreves?

Princesa   Mi grandeza mayor, es ser cristiana.   455

Zaira   Sin motivo la insultas, y pudieras
ver que viene conmigo, y que la ampara
mi poder.

Sultana   ¿Qué la sirve, si es el mío
quien puede destruirla?

Zaira   Soy hermana
de Mahomet.

Sultana   Ni él mismo si me irrita   460
me puede competir.

Zaira (Aparte.)   (¡Ciega arrogancia!)

Sultana   Idos.

Zaira   Ven Eurinome.

(Llega la Sultana donde se oculta Solimán, le toma de la mano, y se va
con él. Y al entrarse por el lado opuesto la Princesa y Zaira encuentran a
Hebraín.)

Sultana (Aparte.)   (Ea despecho)
(A Solimán.)   ahora te he menester: sígueme.

Solimán   El alma
solo aspira a servirte.

(Vase.)

Hebraín   Zaira hermosa
¿hallaste a Solimán?

Zaira   A la Sultana   465
solo hemos encontrado.

Hebraín   Si le ha visto,
es su desdicha cierta.

Princesa   Y mi desgracia.

Hebraín   Retírate a tu cuarto, iré a buscarle.

Zaira   Sácale del jardín, porque si le halla,
                     todo el logro se arriesga.

Princesa   ¡Fiero susto!   470

(Vanse.)

(Salón corto. La Sultana trae a Solimán de la mano: Sisema y Meledora
con luces, otra con ropa talar doblada en una bandeja que pone sobre una
mesa.)

Sultana   Nadie nos oye, escucha.

(Hace seña la Sultana a las criadas que se vayan.)

Solimán   ¿Qué me mandas?
                     de mármol soy.

Sultana   Si mi favor consigues,
                     ¿qué empresa harás por mí?

Solimán   La más extraña
                     y difícil.

Sultana   Repara en lo que ofreces.

Solimán   A crédito con obras mis palabras.   475

Sultana   ¿Y si te causa asombro?

Solimán   ¿Se dirige
a la gloriosa vida, o a la fama
de Mahomet?, que entonces no me atrevo
ni a ser falso traidor contra la patria.

Sultana   ¿Si en el honor le ofendes qué más muerte?   480

Solimán   Es delito de amor, y esotro infamia.

Sultana   No es uno, ni otro.

Solimán   Pues a todo trance
dispón de mi valor, vida y espada.

Sultana   ¿Me guardarás secreto?

Solimán   ¿Eso preguntas?

Sultana (Se le da.)   Pues toma ese puñal.

Solimán   ¿De furia armada   485
qué intentas?

Sultana   Jura hacer lo que te mando.

Solimán   Por Alá juro hacerlo; y para...

Sultana   Basta:
no me obligan amantes expresiones
sino acciones, y empresas temerarias:
esta ropa te viste, con que puedas   490
cautelar tu persona disfrazada
si te hallan en la acción: entra en el cuarto
de esa cristiana infame, vil, esclava,

                    Eurinome.

Solimán   ¿Qué dices?

Sultana   Que a este acero
vierta su aleve sangre.

Solimán   ¿Por qué causa   495
sacrifica, señora, esa inocente
víctima tu rigor?

Sultana   Porque me agravia.

Solimán   ·   Se advierte...

Sultana   No repliques.

Solimán   ¿Qué trofeo
consigue mi valor con una hazaña
tan fiera?

Sultana   Ser feliz.

Solimán   ¿En qué te ofende   500
esa humilde Princesa?

Sultana   En ser amada
de quien burla mi amor.

Solimán   Piensa otro medio
menos cruel.

Sultana   Su muerte: entra a matarla.

Solimán   Objeto aborrecido aun de ti misma
                           seré, si tal emprendo.

Sultana   ¿Te acobardas?   505

Solimán   Me lastima su estrago.

Sultana   Eres villano,
                           engañoso, traidor, pues te retratas
                           de cumplir lo que juras; tu cariño
                           es fingido y aleve; y pues me engañas,
                           luego que este puñal pase su pecho   510
                           le teñiré en tu sangre. Para nada
                           necesito tu auxilio; por mí sola
                           ha de lograr resuelta mi venganza
                           en ella, y en ti mismo.

(Quiere quitarle el puñal, y él lo resiste.)

Solimán   Considera...

Sultana   En vano me persuades. Ya empeñada   515
                           en su muerte.

Solimán (Aparte.)   (La industria ha de valerme,
                           ¿que en fin estás resuelta?)

Sultana   .   Sí.

Solimán   Tu saña
                           alienta mi crueldad: muera Eurinome:
(Aparte.)   (de este modo la libro).

Sultana   Esa cristiana

fallezca: entra en su cuarto, que en alguno   520
de los regios salones de su estancia
la hallarás.

Solimán   Vierta en él su infame sangre.

Sultana   Entre congojas y mortales ansias
rinda el último aliento.

Solimán   Mis furores
sienten mal reprimidos lo que tardan.   525

Sultana   Aquí te espero.

Solimán   En mi valor confía.

Sultana   Pues confía en que es tuya vida y alma.

Solimán (Aparte.)   (Cielos, dadme favor para el acierto,
o mi vida acabad.)

Sultana   Celos, al arma,
y a prevenir industrias; y si intenta   530
vengarse Mahomet, muera a mi rabia.

(Vase cada uno por su lado llevándose Solimán la ropa talar y el puñal. Mutación de galería iluminada, y sale la Princesa, Zaira, damas cristianas, y cantan.)

Música   Entre glorias y aplausos,
glorias y dichas
una esclava Princesa
llora cautiva.   535

Zaira

Ya estamos en tu cuarto
respira y cobra aliento,
Eurinome.

Princesa

        Señora
tu piedad agradezco.

Zaira

Canta Nise, y sus penas   540
divierte.

Nise

        Ya obedezco.

Zaira

Mientras paso a mi cuarto
divertidla.

Princesa

        Yo os ruego
que no me dejéis sola.

Zaira

¿Pues qué temes?

Princesa

        Mi riesgo   545
del amor de tu hermano,
del irritado ceño
de su esposa, y del hado
que me amenaza fiero.

Zaira

Con mi favor es vana   550
cobardía el recelo.

(Sale Celia.)

Celia (Dice a Zaira.)

Mahomet en tu cuarto
te espera.

Zaira   Luego vuelvo
                  a hacerte compañía.

Princesa   Idla todas sirviendo.   555

(Vanse Zaira y las damas.)

                  Infeliz Eurinome,
                  en tantos sentimientos
                  como te oprimen juntos
                  ¿quién te dará consuelo?,
                  ¡yo ayer del Negro Ponto   560
                  Princesa, y hoy me veo
                  sin padre, estado, hermanos,
                  y en triste cautiverio!,
                  ¡yo esclava!, que aunque dore
                  del eslabón los hierros   565
                  de un infiel las promesas,
                  es bárbaro, y le temo.
                  Apasionado ruega,
                  morir resuelta espero,
                  si a lo supremo junta   570
                  presunciones de dueño.

(Solimán al paño, con la ropa puesta, una banda en el rostro.)

Solimán   Sin ser visto de nadie
                  de esta banda encubierto,
                  hallé a mi bien perdido;
                  quiero escucharla.

Princesa   Cielos,   575
                  ¿si encontró la Sultana
                  a Solimán?, ¿si es cierto

que le halló, y moriría
a sus iras?

(Sale Solimán.)

Solimán   No ha muerto.

Princesa   ¡Ay de mí!

Solimán   ¿Qué te turba?   580

Princesa   No sé al verte, qué temo.

Solimán   Vivo estoy, dueño mío,
                 tan rendido, y atento
                 como siempre, a tus aras
                 tributando respetos.   585
                 ¿Cómo estás?

Princesa   Afligida;
                 ¿y tú?

Solimán   De sentimientos
                 (que ya son alegrías
                 con tu vista) muriendo.

Princesa   ¿Cómo a entrar te atreviste   590
                 a esta estancia, sabiendo
                 que tu vida peligra?,
                 no el venir encubierto,
                 ni el disfraz cauteloso
                 te indulta del severo   595
                 castigo, a que te expones.

Solimán   No temas.

Princesa   Vete presto,
señor que hay cobardías
nobles, si los esfuerzos
el pundonor informan.   600

Solimán   Escúchame primero:
prevenido tu embarco...

Princesa   Ya lo sé.

Solimán   Cuando vuelvo
por ti a palacio, te hallo...

Princesa (Llora.)   En poder de otro dueño.   605

Solimán   Que amante te idolatra.

Princesa
(Exclamando.)   ¡Qué pena!

Solimán   ¡Qué tormento!

Princesa   Salem, presa y cautiva
me trajo.

Solimán   Vive el Cielo
que ha de pagar su osado   610
infame atrevimiento.
¿Tú cautiva?

Princesa   Y esclava.

Solimán   ¿Tú esclava?

Princesa   Sin consuelo.

Solimán   ¿Tú ajena?

Princesa   Harto lo lloro.

Solimán   ¿Tú expuesta?

Princesa   Y sin remedio.   615
(Acelerada.)   Vete por Dios, que Zaira
                 compasiva a mi ruego
                 dispondrá, que otra noche
                 en el jardín hablemos.

Solimán   Ay mi bien, que no sabes   620
                 lo bárbaro, y lo fiero
                 de mi ingrata fortuna.

Princesa   Si sé tal: mas tu riesgo
                 me causa sobresalto:
                 vete por Dios.

Solimán   No puedo.   625

Princesa   ¿No puedes?

Solimán   Considera
                 cuál será mi tormento
                 muriendo de no verte,
                 y de verte muriendo.

Princesa   No sientas ausentarte   630

para volver a vernos.

Solimán   No es posible, bien mío.

Princesa   Me dejas (¡piedad Cielos!)
               Sin llevarme a Candía?

Solimán   Yo moriré sin verlo.   635

Princesa   ¿Qué dices?

Solimán   Que es preciso.

Princesa   Habla claro.

Solimán   Primero
               medítame en tu idea
               el hombre más perverso,
               el más abominable,   640
               el más bárbaro, y sangriento
               de cuantos en la historia
               se acreditan de fieros.

Princesa   Fuera agraviar tu noble
               espíritu, a quien debo   645
               vivir agradecida.

Solimán   ¿De qué, cuando te ofendo?

Princesa   Con la duda me matas.

Solimán   Pues sabe... a hablar no acierto.

Princesa   ¡Oh qué de confusiones   650

perturban mi sosiego!

Solimán   Que cuando tú discurres
                  que me traen mis afectos
                  a verte, no es a verte.

Princesa   ¿Pues que fin, o pretexto   655
                  te trae?

Solimán   No sé.

Princesa   Responde.

Solimán   No puedo hablar.

Princesa   Yo quiero
                  saberlo.

Solimán   Pues...

Princesa   Prosigue.

Solimán   Vengo a matarte.

Princesa   ¡Cielos!,
                  ¿tú a matarme?

(Con ternura desde aquí.)

Solimán   Un tirano   660
                  impulso a tal despecho
                  me conduce a tu vista.

Princesa

(De rodillas.)   Pues dime, ¿en qué te ofendo?

Solimán   Mis ansias te respondan;
                 este traje funesto,   665
                 cautela es atrevida,
                 que este villano acero...

Princesa   ¡Qué bárbaro delirio!

Solimán   Vibra contra tu pecho.

Princesa   Dios sabe mi inocencia,   670
                  él me dará consuelo.

Solimán   Por ti hablé a la Sultana
                 cariñoso.

Princesa   ¡Oh qué yerro!,
                  ¿te vio al fin?

Solimán   Sí.

Princesa   No extraño
                  las crueldades que temo.   675

Solimán   Mi desdicha lo quiso.

Princesa   Y mi destino adverso,

Los dos   ¡Oh noche desgraciada!

Solimán   Al verme en tal empeño...

Princesa   ¿Qué hiciste?

Solimán   Fue preciso   680
                                       buscar del mal el menos;
                                       fingí que era su amante...

Princesa   ¿Y lo creyó?

Solimán   Tan cierto,
                                       que a costa de tu vida
                                       quiere probar mi afecto.   685

Princesa   ¿Qué la obliga a matarme?

Solimán   Tu hermosura, y sus celos;
                                       ¿celos dije?, no es mucho;
                                       y también los padezco,
                                       y también te matara   690
                                       a saber que eran ciertos.

Princesa   Si eso es lo que te aflige
                                       con cumplir el decreto
                                       evitas tu peligro.

Solimán   ¿No encuentras otro medio?   695

Princesa   No hay medio en mis desdichas
                                       y el único remedio
                                       es mi muerte.

Solimán   ¿Y no hay otro?

Princesa   No le hallo.

Solimán   Yo le tengo.

Princesa   ¿Cuál es?

Solimán   ¿Qué me preguntas,   700
                  si sabes que te quiero?

Princesa   ¿Qué importa que yo muera
                  como tú vivas?

Solimán   Eso
                  cabe en tu regia sangre,
                  y no en mi heroico esfuerzo.   705

Princesa   Complace a la Sultana:
                  a mi inocente pecho
                  dirige el golpe.

Solimán   Calla;
                  que ya a tanto tormento
                  no hay valor que resista.   710

Princesa   Ni en tal tormenta hay puerto.

Solimán   ¡Qué pena!

Princesa   ¡Qué martirio!

Solimán   A Dios.

(Hace que se va, y le detiene.)

Princesa   No del consuelo
                  me prives de tu vista:
                  mátame a mí, primero   715

que dejarme en tan triste
penoso cautiverio.
Huyamos.

Solimán
            En espera
del lance está en acecho
la Sultana, y la fuga   720
apresura tu riesgo.

Princesa
¿Y el tu yo?

Solimán
              Es evidente
si con vida te dejo.

Princesa
¿Pues qué intentas?

Solimán
                 Mi muerte.

Princesa
Es inhumano arresto.   725

Solimán
¡Sin mí estoy!

Princesa
             ¡Yo sin alma!

Solimán
(Saca el puñal.)
Ea noble ardimiento,
de valor arma el brazo.

Princesa
¿Qué es lo que haces?

Solimán
                Muriendo,
darte a ti vida.

Princesa
            Advierte.   730

Solimán   Si te adoro y te pierdo,
                            ¿qué he de advertir?

Princesa   El golpe
                            mortal detén.

(Al tiempo de querer herirse con el puñal Solimán, le detiene el brazo la
Princesa. Sale Mahomet y Soldados a espaldas de Solimán, quien saca el
sable, y riñe con los Soldados sin ver a Mahomet, que discurre que la acción
es herir a la Princesa, según la disposición en que la mira, y deberán estar
los dos criados con hachas encendidas.)

Mahomet   ¿Qué es esto?
                         Matadle.

(Acometen a Solimán.)

Princesa   ¡Ay de mí triste!

(Repara en Mahomet.)

Solimán
(Se defiende.)   Nadie habrá tan resuelto   735
                        que a mi furor airado
                        se oponga.

Princesa   Yo fallezco.

(Cae desmayada en los brazos de Mahomet, y la detiene al caer.)

Mahomet   Bárbaro, ¿qué pretendes?,
                        ¿pero qué es lo que veo?

Solimán   ¿Tú eres señor?, apenas   740 respiro en desalientos.

(Por el lado que Mahomet, sale Zaira acelerada, y damas que toman en
sus brazos a la Princesa de los de Mahomet.)

Zaira

Hermano ¿qué te altera?,
¿tú airado?, pero cielos,
¿para qué lo pregunto?
¿quién lance tan funesto   745
ocasiona?

Mahomet

Ese ingrato,
y este infeliz portento.

Zaira

¿Eurinome?

Solimán

A tus plantas
rindo vida y acero.

Mahomet

Disfrazado homicida,   750
loco, bárbaro, ciego,
inhumano, atrevido
en profanar el regio
alcázar prohibido,
¿por qué altivo y soberbio,   755
tan execrable golpe
fulminabas?

Solimán

¡Yo muero!

Princesa

Detén el brazo, aguarda

(Vuelve.)

suspende el golpe fiero.

Zaira   Libre estás, nada temas.   760

Princesa (Aparte.)   (No es mi mal el que temo.)

Mahomet   Habla, traidor.

Solimán   La muerte
dame si la merezco;
pero no me baldones,
pues sé que no te ofendo.   765

Mahomet   ¿No es ofenderme, aleve,
cuando parto mi imperio
contigo, el brazo infame
esgrimir contra el pecho
de la que más adoro?,   770
hola, llevadle preso.

Zaira   Si Solimán la estima,
¡cómo cabe en su afecto
delito tan enorme!

Princesa   Señor, mira primero...   775

Zaira   Advierte...

Princesa   Considera...

Mahomet   No interpongas tu ruego
compasiva, Eurinome,
que si es en ti trofeo,
perdonar el delito,   780

a mi decoro regio
le toca castigarlo;
y por Alá supremo,
el Sol que ilumina,
por tu divino cielo,   785
y por Mahoma juro
que ha de ser escarmiento
en un suplicio, dando
a un verdugo su cuello.

Princesa   Mira, que no te ofende.   790

Mahomet   A ti sí, que es lo mesmo:
                  llevadle.

Solimán   Aun con la muerte
                  (si es más muerte, que celos)
                  no acabarán mis penas.

Princesa   En tanto desconsuelo...   795

Zaira   En tan confusa duda...

Solimán   En lancé tan funesto...

Mahomet   En tan aleve insulto...

Los cuatro   Pues no hay otro remedio...

Zaira   El Cielo abra camino...   800

    (Vase.)

Mahomet   Venganza, amor supremo...

92

(Vase.)

Solimán   Para morir callando...

Princesa   Para vivir muriendo...

Los dos   Cielos, dadme paciencia,
               constancia y sufrimiento.   805

Acto tercero

Mutación de salón corto. Sale la Sultana presurosa, como sobresaltada.

Sultana   Entre el susto y la congoja,
                   que mi corazón asalta,
                   en vano busco sosiego.
                   Hola, Sisema.

    (Sale Sisema.)

Sisema   ¿Qué mandas?   5

Sultana   ¿Meledora?

    (Sale Meledora.)

Meledora   Gran señora,
                   ¿qué ordenas?

Sultana   Ha de mi guardia:
(Aparte.)   (¡Cercada de sobresaltos
                   no sé qué recela el alma!
                   ¿Avisaron ya a Salem?,   10
                   ¿no ha venido?, ¿cómo tarda
                   a mis mandatos?)

Sisema   Ya llega.

    (Sale Salem.)

Salem   Gran señora, a vuestras plantas
                   está pronta mi obediencia.

Sultana   No te detengas: ¿qué aguardas?,   15
                 ejecuta lo que mando.

Salem   Si no me has mandado nada,
                 ¿qué he de hacer?

Sultana   ¿Pues no te he dicho
                 que pongas sobre las armas
                 el ejército: que cerques
                 el serallo; y que las guardias   20
                 dobles en mi cuarto?

Salem   No:
                 pero para tan extraña
                 novedad, ¿qué causa tienes?

Sultana   La mayor: ya esa cristiana
                 es trofeo de mi enojo   25
                 sañudo: ya estoy vengada
                 del desprecio de mi esposo.

Salem   ¿La has muerto?

Sultana   Determinada
                 iba a ejecutarlo, a tiempo
                 que Solimán la venganza   30
                 tomó por su cuenta, entró
                 en su cuarto; y ya lograda
                 la acción (sin duda) el Serrallo
                 se conmueve; tropa armada
                 acude, y también mi esposo,   35
                 quien jura, que en una plaza
                 ha de morir; abatido
                 en dura prisión aguarda

que un verdugo la cabeza
divida de su garganta.   40

Salem   ¿Y con esas prevenciones
               qué consigues?

Sultana   · Que persuadas
               al ejército y al pueblo,
               a que tome la demanda
               por mí y por él, tumultuado,   45
               pretextando que él los manda,
               y que por su General,
               les toca sacar la cara.

Salem   Señora, aunque es mi contrario
               Solimán, verás lograda   50
               tu intención.

Sultana   Pues a la empresa,
               y mira que en la tardanza,
               se aventura el lance.

Salem   Amigos,
               por mí Solimán os manda
               que en defensa de su vida,   55
               que injusta muerte amenaza
               en un infame suplicio,
               armados de furia y saña,
               por General victorioso
               le aclaméis.

Sultana   Y a la Sultana,   60
               por vuestra gloriosa augusta
               protectora soberana.

Los dos   Viva Solimán, Soldados.

(Vanse.)

Voces (Dentro.)   Viva, y pase la palabra.

(Salón corto: dosel en medio con silla dorada. Sale Mahomet, comparsa de Soldados, y luego Hebraín. Insignias imperiales, sobre la mesa.)

Mahomet   ¡Cuánto desvela un cuidado!   65

Hebraín   Cumpliendo con lo que ordenas
                          una escolta a Solimán
                          conduce ya a tu presencia.

Mahomet (Aparte.)   (Que llegue; y pues Eurinome
                          dice, que sin darle audiencia   70
                          no se ejecute el castigo,
                          por mí, por él, y por ella
                          le oiré.)

(Se sienta, habiendo formado la guardia a los lados del trono, y sacan algunos turcos sable en mano a Solimán con prisiones, habiéndose puesto las insignias.)

Solimán   A tus pies estoy.

Mahomet   Levanta.

Solimán (Aparte.)   (Mi muerte es cierta.)

Mahomet   ¿Sabes quién soy?

Solimán   Sí señor;   75

98

pues sois la suma grandeza
del mundo: el gran Mahomet,
la majestad más suprema,
el monarca más piadoso,
y más benigno que encierra   80
el universo.

Mahomet   Más soy.

Solimán   Numerar tus excelencias
no es posible, porque todas
son tan grandes, como inmensas,

Mahomet   También soy, quien justiciero   85
sabe esgrimir la sangrienta
espada del rigor, dando
castigo a cuantos pretendan
enojarme, y...

(Se levanta empuñando el sable, y Solimán se postra a sus pies de rodillas.)

Solimán   A vuestros pies
tenéis, señor, mi cabeza.   90

Mahomet (Aparte.)   (Presto lo estará: mas quiero
valerme de la prudencia:
¿y tú quién eres?)

Solimán   Si atiendo
a lo que soy, la más fiera
criatura; el más infeliz   95
vasallo tuyo, en la ciega
idea de haber perdido

tu gracia; pero antes era
noble objeto de tu gusto;
pues de honores y grandezas   100
adornado, me igualaste
casi a tu persona regia.

Mahomet   Pues si esto soy, y eso has sido,
¿qué temeridad te ciega
a ser lo que dices que eres?,   105
ingrato, ¿no te avergüenzas
de pagar tantos favores
como te hice, con ofensas?,
sabes que puse los ojos
y el alma en una belleza,   110
que vale más que el imperio
que casi te he dado; y ciega
tu osadía, ¿el vil acero
vibra contra su inocencia?,
¡yo favores y tú agravios!   115
Responde, ¿qué es lo que alegas
en tu descargo?, ¿enmudeces?
No me admiro, que es tan nueva
tu maldad, que ni aun razones
para disculparte encuentras.   120

Solimán   Gran señor, si en tu piedad
halla mi ruego clemencia,
y mis conquistas y hazañas
no merecen que se atiendan,
te pido que de mi muerte   125
ejecutes la sentencia,
pues me son tus cargos más
sensibles, que padecerla.

Mahomet   ¿Y son esas las disculpas
                 que me ofreces?

Solimán   Aun que tenga   130
                 otras, me importa callarlas.

Mahomet   Y a mí me importa saberlas.

Solimán   Pues yo no puedo decirlas.

Mahomet   Cuando tu vida se arriesga,
                 y tu fama, todo es menos.   135

Solimán   Cuando fama y vida pierda
                 será por ser infeliz
                 mi suerte; y más que mi afrenta,
                 me importa no aventurar
                 pundonores que me empeñan   140
                 a morir callando.

Mahomet   Luego
                 tu culpa pende de ajena
                 sugestión.

Solimán   No sé.

Mahomet   Habla claro.

Solimán   No puedo, señor.

Mahomet   Depuesta
                 mi majestad soberana,   145
                 despejad.

(Vanse los Soldados.)

Solimán   ¡Oh!, ¡a qué funesta
situación me constituye,
Sultana, tu saña fiera!

Mahomet   No como Rey, como amigo,
te pide mi amor, te ruega,   150
(Se levanta.)   o te suplica...

Solimán   ¡Oh gran héroe!

Mahomet   Que a mi gusto condesciendas.
Yo te perdono, y te vuelvo
mi gracia, honor y grandezas.
Dime, ¿qué impulso ha regido   155
tu brazo?, ¿quién te fomenta
a este delito?, ¿y qué causas
inspiran a quien te empeña
a ejecutarlo?

Solimán (Aparte.)   (Si digo
que su esposa, es ofenderla,   160
faltando a la fe y palabra;
si digo que la belleza
de Eurinome me aprisiona,
y que por no hacerla ofensa,
dirigí el golpe a mi pecho   165
su noble esplendor se arriesga.)

Mahomet   Responde.

Solimán (Aparte.)   (¿Pero qué dudo?,
morir primero que entienda

que ni el alma, ni el honor
le ofende, quien le venera.)   170

Mahomet   ¿Qué, estás suspenso?, tan poco
             mi amor te debe?

Solimán   (¡Ay tal pena!)

Mahomet   ¿Qué dudas?, ¿qué te detienes?,
             hablame claro, no temas:
             mira que más que tú mismo,   175
             me intereso en que no mueras.
             ¿Qué dices?, ¿yo suplicando,
             y tú negando?, no fuera
             tan cruel Mahomet contigo.

Solimán   Déjame, señor, no quieras;   180
             que en tan sensible martirio,
             aliento y vida fallezca.

Mahomet   Pues sácame de esta duda.

Solimán   No es posible.

Mahomet   ¿Qué recelas?

Solimán   Muchos daños.

Mahomet   ¿Hay disculpa   185
             en tu favor?

Solimán   Y a saberla
             tú señor, bien sé yo que
             mi lealtad agradecieras.

Mahomet   ¿Pues para qué me la ocultas?

Solimán   No conviene que la sepas.   190

Mahomet   Mi majestad desairada,
rogando amistosa, mueva
tu corazón.

(Quítase el manto, corona y cetro, y la pone sobre la mesa, y se abraza a él.)

Solimán   ¡Gran señor!,
no puedo hablar aunque quiera.

Mahomet   Estimo tu vida, y a esto   195
me obliga que no la pierdas.

Solimán   ¡Oh amor de un Príncipe grande,
y sin igual!

Mahomet   ¿Pues qué esperas,
si lo conoces, que de él,
amigo, no te aprovechas?   200

Solimán   Ahí verás cuál es el fiero
martirio que me atormenta;
(Aparte.)   (¡qué noche tan infeliz!)

Mahomet   Solimán, dime, ¿hay ofensa
contra mi persona real,   205
además de la tragedia
que amenazaba a Eurinome?

Solimán   No sé; pero puede haberla.

Mahomet   Dime cuál es; porque quiero
                     que vivas, aunque me ofendas.   210

Solimán   ¿Ofenderte yo?, primero
                     la infatigable carrera
                     de luces dejará el Sol.

Mahomet   Pues qué máxima te enseña
                     que es heroísmo infamar   215
                     de un delito tu inocencia?

Solimán   Ser noble, fino y leal.

Mahomet   No hay lealtad, sin obediencia.

Solimán   Señor, si cuantos suplicios
                     ha inventado la fireza,   220
                     me afligen, no he de decir
                     sino solo que está expuesta
                     tu vida; y que si conspiran
                     por mi muerte contra ella,
                     y tú mismo no la guardas,   225
                     no podré yo defenderla.

Mahomet   ¿De quién?

Solimán   Eso es lo que yo
                     no he de decir: si aprovechas
                     el aviso, harto te he dicho.

Mahomet   Mira, que ya mi paciencia   230
                     se cansa.

Solimán   Tiene razón.

Mahomet   Advierte, que mi grandeza
                           de la justicia inspirada
                           olvidará la clemencia.

Solimán   Con morir en mi silencio,   235
                           se satisfacen tus quejas.

Mahomet   ¿No hay remedio?

Solimán   No señor.

Mahomet   Pues ya que en morir te empeñas
                           en tu ciega obstinación
                           rebelde, con la soberbia   240
                           cautela de despreciar
                           la piedad que te franquea
                           mi amor, el justo castigo
                           de mi enojo experimenta.
                           Ah de mi guardia.

(Sale el Cabo y turcos.)

Cabo   ¿Qué mandas?   245

Mahomet   Ejecutad la sentencia:
                           divida un verdugo infame
                           de su cuello la cabeza.

Solimán   Gustoso voy a que el hado
                           se vengue de mi inocencia.   250

Mahomet   Llevadle.

   (Sale Zaira.)

Zaira   No le llevéis.

Mahomet   ¿Pues qué pretendes?

Zaira   Que sepas
                 que Solimán no te ofende.

Mahomet   ¿Cómo?

Zaira   Como la cautela
                 de tu esposa (a quien la envidia   255
                 y las celosas sospechas
                 tu amor arrastran) supo
                 obligarle a que convenga
                 (en lo aparente) al estrago
                 de Eurinome; y su fineza   260
                 por no ofender a quien ama,
                 se lisonjeaba en que viera
                 derramar su noble sangre.
                 Al contener la violenta
                 acción Eurinome, entraste,   265
                 y juzgando que...

Solimán   Su Alteza
                 procede mal informada.

Zaira   ¿Cómo es fácil?, si ella mesma,
                 anegada en sentimientos
                 lo ha dicho.

Solimán   Señor...

Mahomet   No temas,   270
ya conozco tu lealtad;
ya conozco la nobleza
de tu corazón: mi esposa
te conjuró a que padezcas
este ultraje, ¿y el amor   275
de Eurinome te interesa
a morir?

Solimán   Por no ofenderte
le callé, y por no ofenderla;
yo la rendí el albedrío,
primero que tú la vieras: 280
supe que tú la adorabas,
y primero eres tú.

Voces   Guerra,
arma.

Otros   Viva Solimán.

Mahomet   ¿Qué es esto?

(Sale Hebraín.)

Hebraín   Que descompuesta
la tropa y el pueblo, piden   285
que Solimán no perezca.

Solimán   Déjame ir a castigarlos.

Mahomet   Aunque es contra mi suprema

108

autoridad el insulto,
no sé si se lo agradezca.   290
Ya está libre Solimán,
y en su honor y su grandeza,
mas en mi gracia que nunca:
ven a que todos te vean
conmigo en las galerías   295
de mi palacio.

Zaira (Aparte.)   (Esta nueva
voy a llevar a Eurinome.)

Hebraín   Gran favor.

Solimán   Viva la excelsa
majestad de Mahomet,
amigos.

Todos   Viva, y que venza.   300

(Vanse.)

(Mutación corta de gabinete, y sale la Princesa asustada.)

Princesa   En el mar proceloso de mis penas,
náufrago el corazón aspira al puerto,
y en Caribdis de sustos encallado,
crece la tempestad, y yo fallezco.
Todos son sobresaltos, todo angustias,   305
mortales ansias todo, y desconsuelos.
¡Si murió Solimán!, ¡si ha conseguido
su inocencia el perdón!, ¡si dio su cuello
por ser fino, a un verdugo!

(Sale Zaira y damas.)

Zaira   Ya está libre
Solimán, Eurinome.

Princesa   Déte el Cielo,   310
tanta felicidad, como alegría
das a mi corazón; ¿a quién le debo
tanto favor?

Zaira   A mí; pues a mi hermano
hice ver su inocencia, y el exceso
de la Sultana.

Princesa   Deja que a tus plantas   315
bese tu blanca mano.

Zaira   Alza del suelo,
y en mis brazos descansa.

Princesa   ¿Qué alboroto,
el sosiego perturba?

Zaira   Tropa y pueblo
de Solimán la vida pidió, cuando
ya por mí estaba libre de su riesgo.   320

(Sale Celia.)

Celia   La Sultana, que estaba en los jardines,
te vio en la galería, y con extremos
de furor, dijo airada, ¿esa cristiana
a quien juzgaba muerta, tiene aliento
de presentarse donde yo la vea?   325

Pues hoy ha de morir: acudió luego,
presuroso Salem; habló con ella,
salió precipitado, y conmoviendo
pueblo y tropa, otra vez crece el tumulto.

Princesa   ¿Qué dices, Celia mía?

Celia   Que recelo   330
contra tu noble vida, algún fracaso.

Princesa   No tienes que dudar, que él será cierto
si es contra mí.

Zaira   No temas, yo a mi hermano
informaré de todo.

Princesa   ¿Y qué remedio
contra el fiero tesón de la Sultana   335
puedo esperar, si con sañudo ceño
mi muerte solicita?

Zaira   El Soberano
defiende tu inocencia, y justiciero
fulminará venganzas, irritado
contra quien profanare su respeto.   340

(Vase.)

Princesa   Hidras son las desdichas, pues aleves,
de donde unas se cortan, nacen ciento.

Celia   Solimán llega a hablarte; cuidadosa
voy a inquirir noticias del suceso,
y avisarte de todo.

(Vase.)

Princesa   Eso te encargo.   345

(Sale Solimán.)

Solimán   Con el salvoconducto, que ya tengo
                             para venirte a ver, no sé si diga
                             en alas de mi amor, o mi deseo,
                             llego, bien mío, a tus divinos ojos;
                             no a ofrecerte la vida que te debo,   350
                             que no sé si la estime, habiendo sido
                             por revelar tú a Zaira aquel secreto,
                             que ofende tu decoro, a la Sultana,
                             a Mahomet y a mi lealtad: mas esto
                             ya no puede enmendarse; sino a darte   355
                             noticia, que estoy libre; que me ha vuelto
                             Mahomet a su gracia; que ya sabe
                             que te ofrecí mi amparo, y que te quiero.
                             No llores.

Princesa   ¿Qué no llore?

Solimán   ¿Pues qué alivio
                             tienes en que yo viva?

Princesa   Mi consuelo.   360

Solimán   ¿Luego me quieres?

Princesa   No.

Solimán   ¿Pues de qué nace esa hidalga pasión y esos extremos?

Princesa   De conocer tus prendas generosas,
desinterés, piedad, lealtad y empeño
de mirar por mi vida.

Solimán   Si mi estrella   365
menos infausta, facilita medios
de llevarte a Candía, como esclavo
te serviré constante, mis afectos
sujetando a tu gusto.

Princesa   Es imposible
que yo a premiaros llegue en ningún tiempo.   370

Solimán   ¿Quién lo impide?

Princesa   Mi ley, que es muy opuesta
al mahometano rito.

Solimán   Y si profeso
tu misma religión, y soy cristiano
como tú, ¿qué dirás?

Princesa   Que no lo creo;
porque tú los persigues.

Solimán   ¿Pues del Ponto   375
no suspendí el asalto a sangre y fuego,
tantas veces, pudiendo aniquilarlos?

Princesa   ¿Qué causa te movió?

Solimán   El no ofenderlos.

Princesa   Después los destruiste. ¡Ay padre mío!,
            ¡ay prendas de mi vida!

Solimán   Ahora lo siento.   380

Princesa   Dime, si eres cristiano, ¿cómo o dónde
            supiste de la fe?

Solimán   Por su Evangelio,
            que impreso está en el alma.

Princesa   ¡Qué ventura!

Solimán   El que me hizo abrazarla, conociendo
            que soldado de Cristo en su milicia   385
            la hazaña es la virtud, la gloria el premio.

Princesa   Pues siendo eso verdad, ¡ay padre mío!
(Aparte.)   (No falto a mi palabra, agradeciendo
            a un cristiano, y no a un bárbaro honra y vida.)

Solimán   ¿Qué harías, dueño mío?

Princesa   ¡No me atrevo   390
            a decir lo que haría, porque ignoro
            la ciencia del querer!

Solimán   Son sus preceptos
            fáciles de aprender.

Princesa   ¿Cómo se aprenden?

Solimán   ¿Quieres que te lo diga?

Princesa   Sí.

Solimán   Queriendo.

Princesa   Pues si en querer consiste solamente   395
                       ya pienso que lo sé; pero no creo
                       que te sirva de alivio; pues mi vida
                       no halla instante sin susto, hora sin riesgo.

Solimán   ¿Riesgo, estando conmigo?

   (Sale Celia.)

Celia (Acelerada.)   (Huye, señora,
                       que llega de tu vida el fin sangriento.)   400

Princesa   ¿Qué dices?

Solimán   ¿Cómo es fácil?

Celia   La Sultana
                       ha inspirado a la tropa...

Solimán   Dilo presto.

Celia   Que pidan tu cabeza...

Princesa   ¡Cruel astucia!

Celia   O la de Mahomet.

Solimán   Infame arresto:
                       ¡tu cabeza!

Princesa   ¡Y en voz de la Sultana!,   405
                            ¡ay de mí, y de mi vida!

Solimán   Cobra aliento,
                            que a esa bárbara gente tumultuada,
                            reducirá a cenizas mi ardimiento.

Princesa   No te vayas por Dios, no consideras
                            que sin tu compañía crece el riesgo?   410

Solimán   ¿Quién vio tal impiedad?

Princesa   Yo, que el destino
                            infausto es contra mí.

Solimán   ¡Qué he de hacer, Cielos!

(Sale Zaira.)

Zaira   Eurinome infeliz, tu muerte es cierta.

Princesa   ¡Ya lo sé, gran señora!

Solimán   ¡Qué tormento!

Zaira   A esa villana gente tumultuada,   415
                            ni la amenaza, ni el rigor, ni el ruego
                            de mi hermano contiene el desacato.

Solimán   Déjame ir a abrasarlos con mi incendio.

Zaira   No podrás, cuando dicen...

Salem (Dentro.)   La cabeza
de la esclava, y si no la del imperio,   420
que es Mahomet.

Solimán   Fiera osadía.

Princesa   A él, y a mí, es la amenaza.

Zaira   Tan soberbios,
y altivos se le oponen, que escalando
el palacio y serrallo, ya entran dentro
en tu busca: mi hermano los contiene,   425
y pregunta por ti.

Princesa   ¡Qué desconsuelo!

(Sale Hebraín acelerado, sable en mano.)

Hebraín   Huye, señora, del mayor peligro
que amenaza tu vida por momentos
si te encuentran aquí.

Princesa   Ya veo el golpe
que vibra aleve impulso hacia mi pecho.   430

Solimán   Yo tomaré venganza, aunque aventure
la vida en tu defensa.

Princesa   No lo apruebo;
que un bruto desbocado no repara.

Solimán y Hebraín   También sabe enfrenarlo el escarmiento.

Princesa   Teme, Solimán mío, tu peligro.   435

Solimán   ¿Por qué me llamas tuyo a tan mal tiempo?

Princesa   Porque pierdes tu vida, y es mi muerte
vivir a tanta costa.

Solimán   En nuevo empeño
pones mi obligación.

Zaira   La noble vida
de mi hermano se arriesga.

Solimán   A socorrerlo   440
voy al punto.

Princesa   Sin ti mi muerte es cierta.

Solimán   Y la mía sin ti.

Los dos   Sagrados Cielos,
¿qué haré en tal confusión?

(Sale Nise.)

Nise   Si con la fuga,
no defiendes tu estrago, ya el funesto
fatal lance llegó.

Zaira   Sigue mis pasos.   445

Solimán y Hebraín   ¿Dónde quieres llevarla?

Zaira   Al más secreto
retiro de mi cuarto, porque juntos

a mi hermano asistáis.

Princesa   Tu heroico afecto
y tu piedad me valga en tal fatiga.

Todos   Ya llegan en tu busca.

Solimán   Vete presto,   450
que yo les saldré al paso.

Princesa   Virgen pura,
en el triste conflicto en que me veo
tu protección invoco; ella me asista;
mis lágrimas atiende; oye mi ruego;
como madre piadosa dame auxilios.   455

Solimán   Y a mí valor, constancia, y sufrimiento.

Salem (Dentro.) Hasta hallar la cristiana no se omita
diligencia en su busca.

Solimán   Deteneos,

   (Salen turcos.)

¿no veis que estoy yo aquí?

Uno   Somos mandados.

Solimán   Pues yo también os mando que al supremo   460
Mahomet respetéis.

Uno   Sin la cabeza
de la Princesa esclava, no podemos.

Solimán   Tu rebelde traición y la de todos
               sabré yo castigar.

(Riñe, y los retiran Solimán y Hebraín.)

Hebraín   Obre el esfuerzo,
               y muera esta canalla.

Nise y Celia   Cada instante   465
               crece la confusión.

(Vanse.)

(Mutación de jardines con miradores de cristales, y cortinas carmesíes,
y en ellos Mahomet con el sable ensangrentado en la mano, y una cabeza
imitada en el adorno y tocado a la de la Princesa y ensangrentado el rostro
de ella: turcos a su lado, y otros en el tablado como tumultuados: a su tiempo baja por una escalera que habrá enfrente, y su guardia.)

Mahomet   Ingrato pueblo,
               ya te doy lo que pides, ya he cumplido
               el inhumano bárbaro decreto.

Turcos   Huyamos su furor.

(Sale Solimán y Hebraín sable en mano, y huyendo los turcos que entra-
ron acuchillando.)

Solimán y Hebraín   Mahomet viva.

Mahomet   Detente Solimán.

Solimán   ¡Pero qué veo!   470

Mahomet	Deshojada la rosa más fragante,

Mahomet Deshojada la rosa más fragante,
mustio el mejor clavel de mortal cierzo
al embate furioso, el Sol más puro
eclipsado, la luz que este hemisferio
iluminaba, muerta: a mí sin alma;   475
y ejecutar mi brazo el más sangriento
bárbaro sacrificio en una vida,
que era más que mi vida y que mi imperio.
Traidora sedición...

Solimán   Ya lo sé todo;
pero, gran Mahomet, ¿qué es lo que has hecho? 480

Mahomet Ceder mi gusto a la razón de estado.
Quitad ese espectáculo funesto
de mi vista; llevádselo a esos brutos
y que se satisfagan.

(Entrega la cabeza a los turcos que estaban en el tablado, y se van con
ella.)

Solimán (Aparte.)   (Yo desfallezco.)

Hebraín (Aparte.)   (¡Oh Princesa infeliz!)

Solimán   ¡Oh desgraciada   485
peregrina beldad!

Mahomet (Aparte.)   (Logré mi intento.)

Solimán ¿Pues cómo, gran señor, de una inocente
sangrienta víctima haces?, eran estos
los favores, las honras, y grandezas

que a lo que te he servido das por premio?   490
¿No bastaba mi brazo a sujetarte
la vil conjuración con este acero
que ha postrado a tus pies tantos monarcas?

Mahomet   Ya al daño sucedido no hay remedio.

Solimán (Aparte.)   (Perseguida sin culpa, con tu muerte   495
faltó mi vida, y sin mi vida muero.)

Mahomet   Peligraba yo mismo: a mi grandeza
soberana perdido, ya el respeto,
la ley de la obediencia atropellaba
la misma confusión: me vi indefenso: 500
procedí con violencia.

Solimán   ¡Impío golpe!

Mahomet   Y ejecuté inhumano.

Solimán   ¡Cruel tormento!

Mahomet   Luego a Constantinopla marche el campo,
tenían el rigor de mi supremo
poder los delincuentes: tú en lo mucho   505
que me debes, no dudes.

(Vase, y queda solo.)

Solimán   ¿Qué te debo?,
si la vida me has dado, y me la quitas
con mayor impiedad, no la agradezco.
¿Mas qué aguardo que en venganza
de su muerte enfurecido   510

no destruyo esta canalla?

(Al tiempo de entrarse le detiene la Sultana y damas.)

Sultana   ¡Solimán!

Solimán   ¡Otro martirio!

Sultana   Si te empeñé en aquel lance,
                 que te puso en el peligro
                 de perder la vida (habiendo   515
                 entrado mi esposo al mismo
                 tiempo de vibrar el golpe)
                 por librarte he conmovido
                 la tropa: ¿no me das gracias?

Solimán   ¿De qué?, ¿de haber dirigido   520
                 la tragedia más sangrienta
                 y cruel, que vieron los siglos?,
                 ¿de eso te he de dar las gracias?

Sultana   De que ya libre te miro;
                 y también de haber logrado   525
                 mis intentos vengativos.

Solimán   ¿Aún no está tu corazón
                 de fiera compadecido?

Sultana   Otra vez, y otras mil veces
                 ejecutara lo mismo   530
                 con la esclava: su cabeza
                 fue bárbaro desperdicio
                 de la plebe, sobre un palo,
                 y de los perros indigno

| | pasto. Las tropas en arma,   535
| | hasta lograr el designio
| | de dar muerte a Mahomet,
| | y coronarte conmigo.

Solimán   ¿Qué decís?

Sultana   Que Mahomet
               se ha de vengar ofrecido,   540
               y que antes que lo consiga
               le has de dar muerte tú mismo.

Solimán   Fiera, y no mujer (supuesto
               que siéndolo era preciso
               obrase lo racional,   545
               no lo bárbaro y lo impío);
               ¿yo a Mahomet?, ¿yo a mi dueño
               y Emperador?, ¡qué delirio!

Sultana   ¿No es más que su vida el logro
               de mi amor y mi cariño?   550

Solimán   Todo es menos que la infamia
               en que quedo envilecido.

Sultana   ¿No es más ser Emperador
               Soberano y dueño mío?

Mahomet (Al paño.) ¿No es más ser Emperador   555
               Soberano y dueño mío?

Solimán   Por tu amor, ni todo el mundo,
               que ofrecieras a mi arbitrio,
               no tengo de ejecutarlo,

ni tengo de consentirlo.   560

Sultana   En mí hay valor para todo,
                 hay acero, y sobran bríos
                 para que hoy muera.

Solimán   Advertid:

(Sale Mahomet.)

Mahomet (A Hebraín
y turcos.)   ¿Quién ha de morir?

Sultana   Tú, indigno
                 del laurel de ser mi esposo.   565

Mahomet   Delirios sobre delirios.

Sultana   ¿Pensabas por una esclava,
                 ajar el regio, el altivo
                 esplendor de la Sultana,
                 con desprecios y desvíos?,   570
                 ¿querías que tolerase
                 la ingratitud que en ti he visto
                 sin vengarme?, pues no, aleve.

Mahomet   Calla, calla, que me admiro
                 de mi prudencia, y de ver   575
                 que no te haya contenido
                 mi majestad y tu culpa,
                 para hablarme en este estilo:
                 ¿amparar a una infeliz
                 triste cristiana, es motivo   580
                 de atreverse a mi persona?,

vive Alá, vivo yo mismo...

(Va a sacar el sable, y Solimán le detiene de rodillas.)

Solimán   Qué haces, gran señor, repara...

Mahomet   Suelta, volcanes respiro.

Sultana   Primero verás tu muerte,
                     que postrado, ni rendido   585
                     mi valor. Ha de la guardia:
                     esta es la ocasión, amigos.

(Dice estos versos la Sultana mirando adentro: vuelve Mahomet a mirar hacia aquel lado, como a ver a quién llama la Sultana, y ella saca un puñal, va a herirle, y Solimán se le quita.)

Mahomet   ¡Qué traición es esta!

Sultana   Muere.

Solimán   Detén, señora, el bruñido
                     acero.

Sultana   Suelta, cobarde,   590
                     el puñal.

Mahomet   ¿Pero qué miro?

(Salen Salem y turcos, sable en mano, y se ponen de escolta de la Sultana.)

Salem   ¿Qué nos mandas?

Sultana   Que prendáis
                    a Mahomet.

(Van a ejecutarlo, y él se pone en defensa, y su guardia con él.)

Mahomet   Atrevidos,
                    ¿a vuestro dueño y señor?

Salem   Mi dueño es la que yo sirvo.   595

(Hebraín se pone del lado de Mahomet, y riñen contra los turcos que
salieron con Salem: repara Solimán en Salem.)

Hebraín   Gran señor, a vuestro lado
                    moriré por impedirlo.

Sultana   Prendedle.

Solimán   Cómo es posible,
                    si yo en su defensa esgrimo
                    este alfanje.

Sultana   Mueran todos.   600

Solimán   Primero que conseguirlo,
                    tu escarmiento, y mi venganza
                    lograrán su precipicio.

Mahomet   Viva Mahomet, Soldados.

Sultana   Viva la Sultana, amigos.   605

Salem (Cae.)   Muerto soy: ya mis maldades
                    logran su justo castigo:

rabiando muero.

Solimán   Aun no pagas
con tu muerte tus delitos.

Sultana   Ejecutad mis mandatos,   610
que aunque él muera, no desisto.

Mahomet   ¿Quién se atreverá a intentarlo?

Sultana   ¿Quién se atreverá a impedirlo?

Solimán   Mi valor: valientes Turcos,
viva Mahomet, invicto   615
Emperador: Solimán,
vuestro General caudillo,
alienta vuestra lealtad.
Si le ofendéis seducidos
de un espíritu rebelde,   620
piedad hay en su benigno
corazón para el perdón.

Mahomet   Eso sí; que son mis hijos.

Sultana   Vuestra Sultana os convoca:
mahometanos, obre el brío   625
en mi venganza.

Todos   El supremo
Mahomet viva.

Sultana (Aparte.)   (Ya esquivo
se muestra el hado; villanos,
¿eso decís?, iah enemigo

Solimán, que me has faltado   630
al mejor tiempo!)

Mahomet   Ya has visto,
loca mujer, venenoso
áspid, traidor cocodrilo,
tu traición desvanecida.

Sultana   Harto lo lloro y lo gimo,   635
y más no poder verter
tu vil sangre el furor mío.

Mahomet   ¿Qué infernal furia a tu pecho,
se desató del abismo
para esa crueldad?

Sultana   Mis celos.   640

Mahomet   Ya lo que te debo he visto,
Solimán: lo que he mandado
luz, Hebraín.

(Vase.)

Solimán (Aparte.)   (No respiro
sino volcanes.)

Mahomet   En tanto
que en un infame suplicio   645
de esa mujer escarmiento,
quiero pagar tus servicios.

Solimán   ¿Qué premio, señor, habiendo
muerto Eurinome?

Sultana (Aparte.)   (Fingido
                    fue su amor, y es falso.)

Mahomet   El premio,   650
                    venciéndome yo a mí mismo,
                    es...

(Sale Eurinome, Zaira, damas y Hebraín.)

Princesa   Eurinome a tus plantas
                    está, gran señor.

Sultana   ¡Qué abismo
                    de confusiones me ciegan!,
                    ¿qué aun vives?

Solimán   Cielos divinos,   655
                    ¿qué dicha esta?

Sultana   Rencores,
                    no me atosiguéis impíos.

Mahomet   ¿De qué os admiráis?

Sultana   De ver
                    tu maldad.

Mahomet   Compadecido
                    el Cielo de esta inocencia,   660
                    me proporcionó el arbitrio
                    de guardar su vida a costa
                    (¡con qué dolor lo repito!),
                    de una esclava: ensangrentado

su rostro, y desconocido,   665
suplió su cabeza.

Solimán (Aparte.)   (Albricias,
corazón.)

Sultana (Aparte.)   (Rabio al oírlo.)

Princesa   Y yo agradecida a tantas
piedades, os sacrifico
la vida que me habéis dado,   670
aunque en ella nada os sirvo
si han de asaltarla incesante
tanto tropel de peligros.

Solimán   Dichoso quien llega a verte
sin ellos.

Princesa   Yo, si consigo   675
por ti respirar sin susto,
el parabién me anticipo.

Sultana (Aparte.)   (Viva mi enemiga, iy yo
entre penas y martirios!)

Zaira   Yo agradezco la fineza   680
de tu corazón benigno,
Mahomet.

Mahomet   Al punto marche
el ejército; y al mismo
tiempo de aclamar mi triunfo,
se ejecutará el castigo   685
de la Sultana: prendedla.

Sultana	Nadie será tan impío	
	como tú, que lo ejecute.	
Solimán	A vuestros pies os suplico...	
Princesa	A vuestras plantas os ruego...	690
Los dos	Que la perdonéis.	
Sultana	No admito	
	ni el perdón, ni vuestro ruego,	
	infames, viles, indignos.	
Mahomet	Calla monstruo.	
Sultana	Ni tampoco	
	de tu piedad necesito:	695
	con menos que con tu muerte	
	no se saciaba mi altivo	
	furor, y no ha de saciarse	
	si no es con su precipicio.	
	¡Mi majestad ultrajada!,	700
	¡yo en un infame suplicio!,	
	¡yo sin vengarme!, ¿mas cómo	
	se llega a postrar mi brío?	
	Traidor esposo, esa aleve	
	esclava, o Princesa, ha sido	705
	la causa... no puedo hablar,	
	de que tú... en vano me animo:	
	ingrato... el dolor me ahoga;	
	desprecies... fiero martirio;	
	mi amor... el furor me ciega:	710
	y entre rabiosos gemidos,	

un áspid siento en el pecho,
en la garganta un cuchillo,
y un luego que está abrasando
mi corazón oprimido;   715
¡quién con él os diera muerte!,
mas un mortal parasismo
me atosiga por instantes:
ya falta el valor; ya el brío
desfallece; ya el aliento   720
es tal, que apenas respiro.
Solo siento no vengarme,
y por lograr destruiros,
que en esta ocasión no sean
mis ojos dos basiliscos.   725
Irritado Alá se venga
de mí. ¡Yo muero!, yo expiro
entre furiosas congojas,
(Cae.)   de rencores vengativos.

Hebraín   De celos, ira y rencor,   730
sorprendida entre delirios
mortales, que la atosigan
es yerto cadáver frío.

Mahomet   Retiradla de mi vista,
que si me hubiera pedido   735
perdón, le hubiera alcanzado:
tuya es Eurinome, amigo
Solimán, si ella y su ley
lo admiten.

Solimán   Yo también sigo
la ley cristiana.

| Mahomet | ¿Qué dices? | 740 |

Solimán

Que en tus piedades confío
el perdón; pues por servirte
he derrotado y vencido
los cristianos tantas veces.

Mahomet   En tanto que determino   745
el perdón, alza a mis brazos.

Solimán   ¿Qué más premio?, y tú, bien mío
¿qué dices?

Princesa   Que si vivimos
la ley santa, en cualquier parte
estoy gustosa contigo.   750

Mahomet   Dando fin a la Comedia
del suceso peregrino
de la perseguida Esclava
del Negro Ponto...

Todos   Pedimos
el perdón de nuestras faltas;   755
y si os ha gustado un Víctor.

Libros a la carta

A la carta es un servicio especializado para

empresas,

librerías,

bibliotecas,

editoriales

y centros de enseñanza;

y permite confeccionar libros que, por su formato y concepción, sirven a los propósitos más específicos de estas instituciones.

Las empresas nos encargan ediciones personalizadas para marketing editorial o para regalos institucionales. Y los interesados solicitan, a título personal, ediciones antiguas, o no disponibles en el mercado; y las acompañan con notas y comentarios críticos.

Las ediciones tienen como apoyo un libro de estilo con todo tipo de referencias sobre los criterios de tratamiento tipográfico aplicados a nuestros libros que puede ser consultado en Linkgua-ediciones.com.

Linkgua edita por encargo diferentes versiones de una misma obra con distintos tratamientos ortotipográficos (actualizaciones de carácter divulgativo de un clásico, o versiones estrictamente fieles a la edición original de referencia).

Este servicio de ediciones a la carta le permitirá, si usted se dedica a la enseñanza, tener una forma de hacer pública su interpretación de un texto y, sobre una versión digitalizada «base», usted podrá introducir interpretaciones del texto fuente. Es un tópico que los profesores denuncien en clase los desmanes de una edición, o vayan comentando errores de interpretación de un texto y ésta es una solución útil a esa necesidad del mundo académico.

Asimismo publicamos de manera sistemática, en un mismo catálogo, tesis doctorales y actas de congresos académicos, que son distribuidas a través de nuestra Web.

El servicio de «libros a la carta» funciona de dos formas.

1. Tenemos un fondo de libros digitalizados que usted puede personalizar en tiradas de al menos cinco ejemplares. Estas personalizaciones pueden ser de todo tipo: añadir notas de clase para uso de un grupo de

estudiantes, introducir logos corporativos para uso con fines de marketing empresarial, etc. etc.

2. Buscamos libros descatalogados de otras editoriales y los reeditamos en tiradas cortas a petición de un cliente.